GESTÃO DA TRAVESSIA

GESTÃO DA TRAVESSIA

APRENDENDO A VIVER E A CUIDAR DE SI
EM UM MUNDO DE ONDAS GIGANTES

2022

Juliana Bley

GESTÃO DA TRAVESSIA
APRENDENDO A VIVER E A CUIDAR DE SI EM UM MUNDO DE ONDAS GIGANTES
© Almedina, 2022
AUTOR: Juliana Bley

DIRETOR DA ALMEDINA BRASIL: Rodrigo Mentz
EDITOR DE CIÊNCIAS SOCIAIS E HUMANAS E LITERATURA: Marco Pace
ASSISTENTES EDITORIAIS: Isabela Leite e Larissa Nogueira
ESTAGIÁRIA DE PRODUÇÃO: Laura Roberti

REVISÃO: André Pottes e Letícia Gabriella
DIAGRAMAÇÃO: Almedina
DESIGN DE CAPA: Roberta Bassanetto

ISBN: 9786554270038
Setembro, 2022

Dados Internacionais de Catalogação na Publicação (CIP)
(Câmara Brasileira do Livro, SP, Brasil)

Bley, Juliana
Gestão da travessia : aprendendo a viver e a
cuidar de si em um mundo de ondas gigantes / Juliana
Bley. -- São Paulo, SP : Edições 70, 2022.

ISBN 978-65-5427-003-8

1. Autoconhecimento (Psicologia)
2. Desenvolvimento pessoal 3. Mudança de atitude
4. Mudança de vida 5. Transformação (Psicologia)
I. Título.

22-116651

CDD-158.1

Índices para catálogo sistemático:

1. Desenvolvimento pessoal : Psicologia 158.1

Eliete Marques da Silva - Bibliotecária - CRB-8/9380

Este livro segue as regras do novo Acordo Ortográfico da Língua Portuguesa (1990).

Todos os direitos reservados. Nenhuma parte deste livro, protegido por copyright, pode ser reproduzida, armazenada ou transmitida de alguma forma ou por algum meio, seja eletrônico ou mecânico, inclusive fotocópia, gravação ou qualquer sistema de armazenagem de informações, sem a permissão expressa e por escrito da editora.

EDITORA: Almedina Brasil
Rua José Maria Lisboa, 860, Conj.131 e 132, Jardim Paulista | 01423-001 São Paulo | Brasil
www.almedina.com.br

Nós escutamos o barulho do carvalho que cai.
Não escutamos o barulho da floresta que cresce.
Hoje, falamos muito das coisas que estão desmoronando,
que fazem barulho.
Mas o importante é aquilo que não se ouve.
É preciso prestar atenção às sementes de consciência que
estão brotando.

Jean-Yves Leloup

Dedico este livro ao meu filho Guilherme e a todas as crianças que habitam o mundo, que hoje se transforma e renasce.

AGRADECIMENTOS

Manifesto aqui minha profunda gratidão a todas e todos que se envolveram, me apoiaram, incentivaram e celebraram a tecitura deste livro. Foram tantas pessoas que as incluo, todas, neste abraço.

Honro as fagulhas de interesse e paixão pelas mudanças que foram deflagradas em contato com o trabalho da psicóloga Solange Rosset, quem primeiro me apresentou, com profundidade e originalidade, este universo de apoiar como terapeuta indivíduos, famílias, casais e grupos em suas jornadas de mudança, metamorfose e enfrentamento consciente de suas crises.

Reconheço o valor e a riqueza de tantas presenças calorosas com as quais convivi nas minhas vivências como aprendiz, amiga, colega de trabalho, consultora, educadora e psicoterapeuta. As linhas que seguem são frutos deste caminho de busca, experimentação e contemplação da natureza da Vida que, certamente, não se encerra por aqui.

Agradeço à minha mãe, ao meu pai e a todos que vieram antes de mim que, com sua capacidade incrível de renascer mil vezes aos altos e baixos da existência, me ensinaram a ser esta mutante teimosa e criativa que me tornei.

Reverencio todos os mestres e mestras que compartilharam comigo e com o mundo seus saberes, estudos e ensinamentos, permitindo, assim, que pudéssemos criar tantos mapas, GPSs, cartas náuticas e instrumentos para navegarmos nas calmarias e nas ondas gigantes dos fluxos de aprendizagem e transformação.

Um agradecimento especial a Lúcia Freitas, Cris Lisboa e Crib Tanaka, que me acolheram na costura das palavras, trazendo fluidez para as ideias, movimento para o texto e amparo afetivo para sustentar o nascimento desta "cria".

Termino celebrando cada uma das vozes que, por estes anos, sopraram em meu ouvido em vários tons "esse negócio de Gestão da Travessia fez muito sentido pra mim e me ajudou a ver com outros olhos tudo isso que eu estou passando". Este livro, de certa forma, também foi tecido por vocês.

PREFÁCIO

Um livro que tem um paradoxo como título, nasce instigante.

Sim, porque as travessias são percursos da jornada, caracterizados justamente por sujeição e entrega. Gerir ou governar estas etapas da caminhada, portanto, pareceria inadequado ou, até mesmo, impossível.

Este é o relato testemunhal que Juliana Bley nos apresenta em seu livro. Sensível e sagaz, ela sabe de sua condição quixotesca e se arma tanto de experiência própria, quanto de desejo. A experiência é o modelo da travessia vivida por ela e sua triunfante surpresa ao emergir na outra margem. Ressurreições deste tipo costumam produzir robustas descargas de otimismo. Já o desejo é nomeado na dedicatória ao filho e às gerações por vir, destinados a um futuro sobrecarregado de desafios.

Sua inteligência e sua sutileza buscam temperar esta investidura de positivismo e propósito, com contrapesos de realismo e recomendações para os obstáculos da jornada. E sua grandeza está na fidelidade ao próprio paradoxo, propondo sermos o "barqueiro de nossa travessia" na evocação de parceria entre mando e imponderável. Este navegar cuidadoso que Juliana vai tecendo em seus capítulos é a maior potência deste trabalho. Ela conhece os momentos em que a correnteza se torna maior que você, ela sabe a experiência de não "dar pé", e experimentou o enrijecer da alma que se manifesta no corpo por terror. Ao mesmo tempo, está atenta à voz mansa que lhe pede para não desviar o foco, o olhar fixo à frente para não abandonar o objetivo e a resistência constante à desistência.

Esta é a forma pela qual nos oferece uma mão para cruzar o vazio caudaloso, sabendo que não existe mão possível, já que este é um rio, pessoal e intransferível. Qualquer mão que ouse entrar neste rio tão profundamente privado, é engolfada por uma enxurrada de prepotência. Então Juliana se oferece na condição de guia e parteira de uma solidão que não admite intrusos e, na impotência da consultora, vai ao limite da compaixão com os que experimentam um coração tão apertado como já lhe aconteceu.

Digo isso para que se possa conhecer o tamanho do desafio e a importância deste livro para o indivíduo e para qualquer forma de empreendimento.

Juliana assume, assim, o personagem de uma conhecida história do sábio Baal Shem Tov. Dois amigos do Rei são condenados por um crime. Desejoso de perdoá-los, mas sabendo que a palavra do Rei não pode ir contra a lei, ele decreta que uma corda seja estendida sobre um abismo; caso consigam atravessar ao outro lado, a pena é comutada. O primeiro cruza em segurança. O outro, parado no início da caminhada, grita ao amigo: "Diga-me, meu querido amigo, como você gerenciou esta travessia?" Então o primeiro grita em resposta: "Não tenho a menor ideia; só sei que, quando sentia que iria tombar para um lado, me inclinava para o outro!"

Esse livro é sobre tombar e desaprumar e as necessárias correções para desinclinar no processo de travessia. No entanto, o que mais sustenta narrativa e andamento livro afora é a tensão desta corda. Por que teria o Bal Shem Tov prefaciado a história com a dramaturgia de um Rei com seus dois queridos amigos condenados? Talvez porque quisesse reproduzir o terror e a beleza do que está em jogo na vida. Por um lado, a vida é um resgate a cada passo, mas para tal é preciso a tensão para que a corda permita passagem. A compaixão e a impotência do Rei são a tensão da corda. A mesma tensão que, para o equilibrista, está na inevitabilidade de ter que fazer essa travessia. Num mesmo esticar estão compaixão e fatalidade. Do outro lado está Juliana e a demanda por consultoria.

O convite está dado a você que, como eu, é um condenado. Nossa saída é por meio desta corda esticada sobre o abismal e o insondável.

Adentre estas páginas com a avidez de um condenado e a esperança ponderada de que, do outro lado, também não se sabe como se faz. O que nada diminui o valor dos conselhos cuidadosos e esmerados de quem pendeu para cá ou para lá em seu saltar de pedra em pedra até cruzar seu mar.

Nilton Bonder
Rabino e Escitor

SUMÁRIO

INTRODUÇÃO 19

1 UMA GRANDE TRANSIÇÃO ESTÁ EM CURSO,
VOCÊ NOTOU? 25

2 TRAVESSIA É UMA METÁFORA.................... 33
Gestão e Travessia 34
Surfar em ondas gigantes 35
Um caminho generativo 37

3 "PARA O ALTO E AVANTE!" SERÁ?................. 41
Em linha ou em círculo?............................. 43
A alma que cicla entre luz e sombra 45
Desapegar e pulsar.................................. 50

4 MUDAR: MORRER PARA NASCER DE NOVO 53
Para deixar ir....................................... 55
"Falar disso é fácil." É isso que você está pensando?...... 58
Barqueiros de nossa própria travessia................. 59

5 NO OUTONO AS FOLHAS CAEM 61
Atravessando o luto 62

Normal ou patológico? 64

Cuidado e delicadeza................................. 69

Mas o que restará ao final? 72

6   O MEIO DA TRAVESSIA: O FUNDO DO POÇO
E O FUNDO DA ALMA 77

Uma porta de acesso à interioridade profunda 80

"A noite escura da alma" 82

Anfitriar a si mesmo é uma forma de cuidado........... 85

7   A OUTRA MARGEM E A RECRIAÇÃO DE SI 89

Alguém aí? Manda um sinal! 91

Onde está seu coração? Onde está sua mente? A resposta
é uma só: no corpo! 93

Farejando o novo caminho............................ 94

8   COLETES SALVA-VIDAS PARA SITUAÇÕES
DESAFIADORAS 101

Invista na sua Autorregulação 104

Pratique o Autoacolhimento.......................... 106

Preste muita atenção às escolhas 107

Busque ajudas que realmente ajudam 108

Mantenha abertura e confiança na vida 110

9   ATRAVESSANDO EM BANDO: ALGUNS
PENSAMENTOS SOBRE MUDANÇAS
NO AMBIENTE CORPORATIVO 113

Empatia, sentido e constância 118

Quais são os seus "comos"?........................... 122

10 EXISTE UM LUGAR SEGURO 127

REFERÊNCIAS... 131

INTRODUÇÃO

Navegar é preciso, viver não é preciso. Primeiro disse Pompeu, e depois o Pessoa.

Não é preciso mesmo. Mas é tão precioso!

É deste encantamento com a alquimia da vida-morte-vida que este livro nasce. Ele viveu em meus desejos escondidos por uns 15 anos, pelo menos. Então, um dia, criei coragem de falar em voz alta "ainda vou escrever um livro sobre Travessias".

O imaginado foi concebido e gestado durante a Travessia da Pandemia da COVID-19. Que período fértil para refletir sobre crises, transições e mudanças! Nunca falei e pensei tanto sobre este tema em palestras, grupos e atendimentos como neste período. Um TEDx nasceu no final de 2020, também fruto desta minha paixão e do interesse das pessoas em descobrir como se posicionar em suas, já transitórias, vidas, neste momento em profunda transformação. E, nestas interações, o que era para mim uma suspeita tornou-se um fato concreto e palpável: as pessoas precisam de apoio, emocional e técnico, para compreenderem e decidirem como querem passar por tudo isso, pois é muito desafiador enfrentar turbulências como estas sem ter com quem contar e sem algum preparo interior. Esta é, precisamente, a fagulha que mantém acesa a chama deste projeto.

O livro que você encontra agora não tem, nem de longe, a proposta de uma obra acadêmica ou teórica, como foi meu livro anterior, "Comportamento Seguro". Tampouco pretende ser uma abordagem de autoajuda do tipo "leia isso e sua vida será transformada". Ao contrário. Sua intenção é a de poder estabelecer um diálogo acessível e simples (nem por isso raso) sobre o que é estar queimando no fogo de uma transformação.

Este livro é, portanto, um apanhado de reflexões que compõem uma espécie de mapa, para que você possa descobrir como quer assumir os remos do seu barquinho (sua autodireção) e para que você possa ser protagonista de sua própria travessia.

Um primeiro vislumbre desta metáfora do barco, da **travessia** e do **barqueiro** me chegou durante um retiro de silêncio, em 2005, no Centro Caminho do Meio, em Viamão – RS, com Lama Padma Samten. Durante um ensinamento sobre o *Prajna Paramitta*, o Sutra do Coração, ele explicava o sentido do mantra *"Gate Gate Paragate Parasamgate Bodisoha"*. Algo como "atravesse, atravesse, da margem da ilusão para a margem da lucidez". Imediatamente esta imagem surgiu em minha mente. O caminho do autodesenvolvimento como sendo uma jornada na qual entramos no barco da existência, remando em busca de clareza, abertura de consciência e lucidez em meio às tempestades e calmarias própria da vida humana. Foi um momento muito especial da minha vida, pois saí do retiro diretamente para o Fórum Social Mundial, em Porto Alegre, onde passei por diversas palestras e fóruns com importantes pensadores e ativistas, que debatiam sobre os desafios que estavam se apresentando no horizonte em nossa sociedade e nos convocavam a "remar em meio àquelas ondas gigantes". Naquele momento, esta conexão entre as buscas do meu "pequeno mundo" interior e as necessidades do meu "grande mundo" ao redor se apresentou em toda a sua complexidade diante dos meus olhos. Dali em diante, saí por aí reconhecendo travessias, ciclos, pausas e renascimentos em tudo o que via em volta, e assim sigo até estes dias. Tantas camadas de sentidos, símbolos, teorias, experiências e significados foram sendo acrescentadas à minha visão de mundo, da vida e de mim mesma. Sintetizar tantos aspectos desta grande mandala em algumas páginas foi um exercício de entrega e desapego. O que vale a pena dizer que possa ser útil a quem quer exercitar seu próprio olhar sobre as mudanças, os ciclos e as transições? O que pode oferecer base para o cuidado nestes momentos? Essa foi a bússola que guiou o projeto.

Nas próximas páginas, vamos percorrer juntos um caminho que vai de uma visão ampla sobre as transformações velozes e profundas pelas quais estamos passando como humanidade até uma perspectiva bastante íntima sobre como as mudanças podem nos afetar no mundo que existe debaixo da nossa pele. Olharemos, também, para como podemos manejar com cuidado e empatia as mudanças que acontecem no complexo cenário das organizações, quando somos desafiados a empreender processos de transformação que mobilizam grandes grupos de pessoas em torno de um objetivo ou necessidade comum. Navegaremos juntos, da margem da "velha forma" até a margem da "nova forma", como uma maneira metafórica de compreender as dinâmicas presentes nas diferentes fases da mudança e do luto. Mas é fundamental lembrar, desde já, que os processos de mudança não são linhas retas. A Travessia de uma margem à outra é apenas uma imagem que nos permite organizar nosso entendimento. Na prática, talvez as Travessias pareçam mais com espirais, assim como os processos cíclicos que começam e terminam incessantemente, garantindo, assim, a continuidade da vida.

Preciso registrar que o auge do trabalho com o livro aconteceu entre dezembro de 2021 e março de 2022, período de puro caos em minha vida. Com uma grande e longa reforma em andamento em minha casa, contraí Covid-19 neste meio tempo, e, com isso, mudanças importantes se iniciaram comigo, quando vi meu barquinho bater com força nas ondas das tempestades que se sobrepunham uma sobre a outra. Isto fez com que algumas amigas brincassem comigo ao dizerem que este livro acabaria parecendo uma autobiografia.

Brincadeiras à parte, não diria que é uma autobiografia. Entretanto, posso dizer, sem hesitar, que este é um texto corporificado. Que cada palavra posta aqui passou, antes, pela materialidade da minha respiração, das insônias que vivi, dos fluxos criativos e da musculatura que travou algumas vezes nestes meses. Muitas destas linhas puderam fluir pela oportunidade de ter vivido conversas e abraços acolhedores, alguns mergulhos no mar, raros momentos de silêncio entre uma martelada e outra e o frescor na alma fruto de alguma uma prática de dança.

Enquanto escrevo esta apresentação, é domingo de Páscoa.

Dia de *Pessach*, como ensinou meu mestre do cuidado, Jean-Yves Leloup. Suas reflexões sobre espiritualidade, saúde mental e o papel do Cuidador influenciaram profundamente minha visão de mundo e o meu trabalho como educadora e terapeuta nas mais finas linhas. Ele ensina que Páscoa é "passagem" em hebraico, um ponto de mutação por onde a alma passa de um estágio a outro: renascimento; transformação; ascese; transfiguração; ressurreição.

Das palavras dele, ouço, ainda, ecoar em minha mente: "sejam passantes"! É uma exaltação, quase um mantra, que coloca brilho nesta parte mutante da qual também somos feitos e traz um simbolismo especial para este momento. É dessa nossa natureza misteriosa "que vive passando" que este livro trata, da qual ele bebe e para onde ele flui. Para onde? Para o devir. Sempre.

Como? Ah, isto é com você.

Domingo de Páscoa, 17 de abril de 2022.

1. UMA GRANDE TRANSIÇÃO ESTÁ EM CURSO, VOCÊ NOTOU?

Não é só você que está sentido o barco balançar. Neste exato momento, a humanidade inteira está em transição. O chão das estruturas que nos davam seguranças e certezas está tremendo como nunca. As mudanças estão por todos os lados e em todos os âmbitos. Esta década nos trouxe mais de 30 gêneros mapeados, trabalho híbrido, nômades digitais, uma emergência climática global, criptomoedas, pessoas vivendo em trisal (casal formado por três pessoas), artistas fazendo show dentro de um jogo virtual, "uberização" de milhões de trabalhadores no mundo, canabinoides e psicodélicos como a nova promessa da medicina para este século – isto só para dizer algumas, tá? Chega a deixar a gente tonta.

Aos quatro cantos, pulsam debates sobre a natureza caótica, não-linear e incompreensível deste nosso tempo histórico, e não há qualquer criatura vivente que não esteja sendo, direta ou indiretamente, afetada por essa realidade.

Quando comecei minha jornada de estudo e formação no pensamento sistêmico e nas teorias da complexidade (ainda no século passado), esta foi a minha primeira descoberta: a de que estávamos entrando num vórtice global de transformações profundas e radicais na nossa forma de ser, estar, viver, amar, trabalhar, rezar, comprar, morar, e tudo mais. Como jovem estudante, ainda em formação, me deparar com a amplitude do que estava por vir foi, no mínimo, desconcertante. Os autores, epistemólogos, futurólogos, cientistas de ponta, dos quais eu bebia conjecturavam sobre coisas como o impacto da internet e do acesso amplo à informação em nossa forma de estudar, sobre o que seria o papel da educação no século XXI, sobre o que passaria a figurar no currículo e a reviravolta profunda que isto faria no papel dos educadores a partir de então. Uma nova configuração de mundo, como previu Edgar Morin em "Os sete saberes necessários à educação do futuro", de 1999, pedia uma nova formação humana, que transformaria profundamente estruturas educacionais. Àquela altura, também em 1999, já estávamos lidando com questionamentos sobre novas formas de família, abertura na sexualidade, revisão da religiosidade e modelos flexíveis de carreira. Porém ainda olhávamos para isso como se fossem, talvez, desafios pessoais de "gente moderninha" e desajustada que adora questionar o sistema, e não como sintomas de grandes transformações em nossa forma de operar como sociedade que já estavam em curso.

Quando mergulhei nas ideias de pensadores que se debruçaram sobre o tema da grande transição paradigmática pela qual a humanidade estava passando, como Edgar Morin, Boaventura Souza Santos, Humberto Maturana e Fritjof Capra, duas destas ideias me pareceram centrais. Elas marcam, até hoje, meu jeito de pensar e de trabalhar com cuidado, aprendizagem e mudanças: a natureza sistêmica dos fenômenos e a natureza transitória da vida.

A natureza sistêmica dos fenômenos dos quais fazemos parte consiste em perceber que há uma teia de conexões, algumas

GESTÃO DA TRAVESSIA

visíveis e outras invisíveis, que emerge entre tudo o que existe. Ela foi a chama da obra A Teia da Vida, de Capra (1996), e de "*complexus*", por Morin (2001), ou seja, "aquilo que foi tecido junto". Já a natureza transitória da vida foi observada e descrita desde os tempos antigos como a noção de "impermanência" de Buddha e a célebre máxima de Heráclito de Héfeso de que você não entra no mesmo rio duas vezes, pois o rio não é mais o mesmo e você não é mais o mesmo. Porém, é preciso destacar que esta natureza transitória não só segue existindo, como está sendo acelerada e complexificada nestes tempos de transformação exponencial. Isso foi observado por pensadores modernos, como o sociólogo Zygmunt Bauman (2001), que, na virada do século, nomeou este tempo de "modernidade líquida", um tempo de relações afetivas, sociais, econômicas altamente fluídas, efêmeras, talvez até superficiais e curtas. O cenário futuro que passei a visualizar neste ponto me colocou diante de um aperto interno, formado por um misto de angústia e esperança: como eu organizaria minha cabeça dali para frente, considerando que eu viveria grande parte da minha vida futura imersa no caos que se anunciava? Como colocar meu trabalho como psicóloga a serviço de apoiar a saúde emocional das pessoas nesses processos de transição e mudança? Como abrir espaços de reflexão e conscientização para que elas possam perceber o que está acontecendo, conectar e ganhar recursos (conhecimento e habilidades) para lidar com isso e descobrir caminhos para a criação de melhores futuros possíveis? Nascia aí a primeira fagulha do que um dia se tornaria a "Gestão da Travessia". As "ruínas" das estruturas do mundo como o conhecíamos estavam começando a ficar bem visíveis no cotidiano e seria cada vez mais necessário criar espaços para que pudéssemos dialogar e refletir sobre isso. Hoje, mergulhados num cenário distópico (que significa "lugar ruim", opressor, precário) e, ainda, pandêmico, é praticamente impossível não notar a urgência e a necessidade de nos colocarmos a pensar juntos para onde queremos e podemos ir, como indivíduos e como coletividade.

Aos poucos, nossa geração vai entendendo que é, ao mesmo tempo, muito azarada e muito abençoada. Temos o azar de termos nascido para viver uma das grandes transições da história humana, um salto sem precedentes para um lugar que nem sequer conseguimos imaginar ainda. Também temos a benção de estarmos aqui justamente num momento no qual tudo pode ser criado e recriado, onde temos recursos econômicos, tecnológicos e de conhecimento abundantes que nos permitem gerar soluções que alavanquem a condição humana a um patamar incrível de abundância e saúde. O que me faz lembrar o antigo pensamento do povo Hopi (nação indígena norte-americana) de que "nós somos aqueles que estávamos esperando chegar para mudar as coisas por aqui". Somos a primeira geração de humanos que nasceu numa configuração de mundo e vai morrer num mundo com características completamente diferentes.

E é assim, globalizados, interconectados e um tanto assustados com tudo isso, que nos encontramos no ponto em que estamos. Os macroproblemas do nosso modo de ocupar o mundo, como a fome, a crise climática e a aceleração tecnológica, nunca nos afetaram tanto pessoalmente como hoje. Assim como, provavelmente, nunca dependemos tanto das nossas micromudanças pessoais para poder impulsionar novas propostas para um contexto histórico e social que agoniza pedindo pelo **novo**. Micro e macro em profunda interdependência é o que temos, "assim na Terra como no Céu".

As ruínas do derretimento das nossas grandes verdades culturais, organizadoras de nossa visão de vida e de mundo,

GESTÃO DA TRAVESSIA

trazem consigo também o fim dos conceitos de certo e errado, de bom e mau. Os parâmetros comuns que tínhamos para desenhar nossas vidas no que diz respeito à família, igreja, escola, comunidade, trabalho, capital, sucesso, a nossa relação com natureza, carreira, arte, consumo, sexualidade, mudaram todos. Ou melhor, se diluíram em infinitas possibilidades e caminhos. Algumas dessas estruturas vinham determinando hábitos, costumes, identidades e papéis sociais há milênios, como "lugar de mulher é na cozinha" ou "o certo é que uma família tenha um pai, uma mãe e seus filhinhos". E essa abertura toda traz muita insegurança, porque não é mais a cultura vigente que define, por exemplo, como e a quem você ama. Ou seja, hoje é preciso construir, à base de muita reflexão, debate e experimentação, seus próprios posicionamentos diante das infinitas opções de ser, estar e agir. Aliás, é este o meu convite aqui.

Porque, olha, dá mesmo uma trabalheira. Nas redes sociais, nas comunidades, nos cursos online e nos consultórios há gente buscando um espaço que apoie minimamente o sujeito a investigar o que lhe serve neste imenso *buffet* de opções identitárias, além da necessidade de buscar, também, lugar para refletir sobre como a dor do mundo nos corta a carne e esfrega na nossa cara tantas outras faltas de opção.

A sensação é de estar trocando pneu com o carro andando. E é assim mesmo que estamos escrevendo nossas biografias, como seres individuais e coletivos, num ambiente de tantas ambiguidades, destruição e regeneração. Tecendo, ao mesmo tempo no micro e no macrossistema, uma trama viva que vai juntando os fios da consciência, das escolhas, da responsabilidade pessoal, das relações e dos planos que nos permitirão sobreviver às tempestades intensas desta grande Travessia Global. Olho para pandemias, emergências climáticas, crises econômicas, fome crescente, desigualdade social, necropolítica, negacionismo e guerras de narrativas nas redes sociais como se fossem ondas gigantes diante das quais não temos como escapar. De um jeito ou de outro, teremos que surfá-las! Mergulhar fundo quando a onda vem grande, buscando uma passagem mais suave abaixo de onde ela quebra. E logo voltar à superfície depois que passa, para respirar de novo e descansar, até que a próxima onda se forme e uma outra aventura comece.

As "ondas gigantes" da Transição Global são pulsos de urgência que nos pressionam a pensar rápido sobre como vamos passar por elas, a assumir responsabilidades onde for possível agir, a gritar por ajuda quando a gente se sentir pequeno, a unir esforços quando for muito pesado seguir sozinho, neste exercício tão importante de discernir entre potência (eu tenho poder sobre isso que acontece) e impotência (não há nada que eu possa fazer nesta situação).

No momento em que algo que dava segurança nos é retirado e algo novo surge diante de nós, a primeira camada de consciência a perceber esta mudança é o corpo. E, se o que está acontecendo for percebido como uma ameaça ou um risco, possivelmente desencadeará sintomas, reações defensivas de luta e fuga, um estado colapsado, um comportamento dissociado que luta pela sobrevivência da alma. Nossa sensorialidade é muito rápida, ao passo que o tempo que levamos para nos darmos conta de que algo ocorreu, identificarmos o que exatamente se deu, tomarmos uma decisão a respeito e tocarmos em frente é bem mais lento. Devido às nossas características neurológicas e cognitivas, em geral, sentimos e reagimos rápido, porém precisamos de tempo para pensar. O pensamento anda mais devagar do que a reação instintiva e a emoção (Kahneman, 2012).

GESTÃO DA TRAVESSIA

Se mudar (e sobreviver a mudanças) consiste em aprender a correr riscos com perspicácia e responsabilidade, dirigindo a atenção para futuros prováveis, desejáveis e possíveis (Deheinzelin, 2019), é fundamental assumirmos que precisamos de boas estratégias (competências, conceitos, modelos e métodos) que nos apoiem no cuidado conosco mesmos e com a transformação em curso.

E se a gente se assusta e pode colapsar diante de uma mudança importante, imagina diante de muitas, todas ao mesmo tempo?! O filósofo da complexidade, Edgar Morin, chamou a transição em que vivemos de "policrise", e eu acho que ele tem razão. Vivemos uma convergência de múltiplas crises e será necessário muito autoconhecimento e autocuidado para se ter algum bem-estar e equilíbrio emocional para poder seguir adiante.

Hoje, mais de 20 anos depois que tive os primeiros *insights* sobre onde estamos metidos e como é possível atravessar mudanças com consciência e saúde, sigo praticando, no trabalho com as pessoas (em sala de aula, na clínica e nas empresas), o recolher de histórias, poemas, metodologias e técnicas que se combinam e se transformam em espaços de aprendizagem que buscam colocar luz e visão ampla sobre a imensa mudança que estamos atravessando, além de tentar trazer caminhos e possibilidades que permitam às pessoas produzirem suas pranchas e barcos para navegar por tudo isso com resiliência e abertura ao novo. Num dado ponto deste caminho, após conduzir dezenas de seminários, palestras e cursos sobre estes temas, cheguei ao entendimento de que esta "mandala" de estratégias de gestão de mudanças e enfrentamento de crises que venho juntando pode muito bem se chamar "Gestão da Travessia".

2. TRAVESSIA É UMA METÁFORA

São muitas as travessias que fazem parte dos textos místicos e sagrados. A travessia de 40 dias de Jesus pelo deserto, a travessia do povo hebreu pelo Mar Morto, a travessia dos Argonautas em busca do Velocino de Ouro e até a Odisseia de Ulisses, nos poemas homéricos. Tem ainda Caronte, o barqueiro do Rio Estige, que tem a missão de atravessar as almas entre o reino dos vivos e o reino dos mortos. Em todas essas histórias, uma certeza: quem atravessa não chega do outro lado do mesmo jeito. Porque o que difere uma travessia de um simples deslocamento de um lugar para outro é que ela pressupõe uma profunda transformação interna impulsionada pela jornada. Existe um refinamento psíquico, uma série de mudanças impactantes, tanto pessoais quanto coletivas e, sobretudo, um inevitável amadurecimento.

Já o termo Gestão é mais moderno e costuma ser usado no ambiente corporativo ou no setor público. Gerenciar tem a ver com ser capaz de conectar diferentes recursos, como tempo, dinheiro, métodos e matéria-prima, com as competências das pessoas envolvidas para solucionar problemas e alcançar objetivos desejados.

Gestão e Travessia

Algumas pessoas torcem o nariz quando trago a ideia de *Gestão* para pensar como sair dos nossos mergulhos ao fundo do poço, por se referir a algo muito racional e estratégico. Mas é justamente por isso que recorro a este termo. É unindo razão e emoção, espiritualidade e pés no chão, vontade, mente e coração abertos que a gente consegue criar condições favoráveis para que uma mudança promova crescimento do indivíduo. Juntar *Gestão* com *Travessia* tem o sentido de nos convocar a olharmos para algo que queremos mudar, para um novo projeto na empresa ou para uma grande crise sanitária global como uma jornada que vai pedir de nós um tanto de poesia e um tanto de engenharia, para que possamos chegar vivos, confiantes e transformados lá na outra margem.

Este propósito me move porque sei o quanto é desesperador sentir-se tomando um caldo no mar revolto desta vida tão intensa, sem saber bem do que cuidar ou o que fazer para voltar a sentir um pouco de paz. Muita gente já estudou, mapeou e desenvolveu técnicas e estratégias úteis que podem nos ajudar a sermos bons barqueiros e barqueiras das nossas tantas jornadas. Uma mudança coletiva é urgente e está em curso. Ela se apoia, também, na nossa capacidade individual de participar deste processo com consistência, para que a construção de um mundo "bom para todo mundo" possa ganhar escala, velocidade, potência e constância. Pensadores como o historiador israelense Yuval Harari, um dos mais influentes pensadores deste tempo, fazem coro junto aos analistas de tendências e futuristas indicando que as competências, como a flexibilidade e a capacidade de adaptar-se rapidamente e com baixo nível de desgaste, tendem a ser cruciais para que possamos atravessar este século. Desde a flexibilidade afetiva e energética que

GESTÃO DA TRAVESSIA

configura a resiliência, até a incorporação veloz de tecnologias ao dia a dia, ser capaz de adaptar-se deve ser uma das grandes tendências de aprendizado do nosso tempo, mais do que decorar a tabela periódica e a data exata da Proclamação da Independência do Brasil.

Podemos ganhar muito como pessoas e como coletividade quando reconhecemos que precisamos nos manter em constante aprendizado, agora, mais do que nunca. Aprender é, hoje, um fator de sobrevivência. É fundamental estarmos dispostos a nos aceitarmos como verdadeiros *mutantes* que somos. Acredito que, ao investigar as questões centrais que envolvem passar por mudanças e crises, você pode aprender a estruturar seu jeito de transpô-las com alguma lucidez e muita dignidade. Como disse o neurobiólogo chileno Humberto Maturana: "adaptação é um exercício de coerência com as circunstâncias".

Surfar em ondas gigantes

As ondas são mais ou menos as mesmas para todo mundo. Mas, no fundo, é bom lembrar que cada surfista experimenta seu próprio "paredão" de frente. A sua experiência desta realidade é única. Estamos todos atravessando uma pandemia global. No entanto, cada um de nós está vivendo-a de forma individual e única, com desafios e impactos muito particulares. O melhor caminho para gerenciar a sua "pandemia particular" certamente será aquele que considere as suas necessidades específicas, que aproveite os recursos e condições que você dispõe e que atenda ao seu próprio padrão do que pode ser considerado "saudável".

É fundamental investir em consciência e abertura, pois a tensão da transição do mundo, somada ao vai e vem das nossas transições individuais, pode facilmente nos colocar em um estado de amortecimento. Em Psicologia, chamamos este estado de *normose*, que é quando o indivíduo entra numa relação desvitalizada e simplesmente descomprometida com aquilo que se espera dele. Um estado de amortecimento da sensibilidade e da reflexão crítica que assola muitas pessoas que têm sua visão de si e do mundo gradativamente obturada, fragmentada e reduzida ao esforço diário de fazer o que todo mundo faz: consumir desenfreadamente, empreender batalhas vazias nas redes sociais, competir por *status* e imagem, ficar imune ao sofrimento de outros humanos e aderir a rituais anestésicos. Passam a fazer parte do que chamo de "a turma da zumbilândia". Por esta ótica, os "zumbis da zumbilândia" são aquelas pessoas que vivem tão amortecidas por suas próprias defesas, por ilusões midiáticas e ideais normóticos que passam a viver como verdadeiras "mortas-vivas" (zumbis), pagando com suor um corpo sarado para ostentar, uma bolsa cara para se valorizar, lutando para manter seu *status* perante "os outros", tudo isso encobrindo uma vida interior esvaziada, triste e com pouco ou nenhum sentido.

Para quem quer se manter humano e sensível (fora da Zumbilândia), recomenda-se exercícios diários para habitar o próprio corpo e para uma escuta profunda das próprias emoções e pensamentos. Fazem o ar entrar e o coração bater entusiasmado. São fundamentais, também, os rituais de re-humanização constante de si, como o contato com as artes, ler e se manter perto dos mestres (os que estão aqui e os que já se foram), dedicar tempo para boas conversas com gente "bem viva", muitas horas na natureza e no silêncio regenerador. Como diz a psicanalista Suely Rolnik (2019), é preciso investir na descolonização do nosso inconsciente e na re-humanização da nossa condição. Olhar-se de fora e de cima, como se estivesse sentado no topo de uma montanha, faz tudo isso ganhar perspectiva. E, depois, voltar a habitar-se, trazendo consigo a mente ampliada, é uma boa fonte de sabedoria.

Te convido a tomar agora uma respiração mais funda, voltando por um instante sua atenção para debaixo da sua pele. Quando estiver centrado e ancorado em si, se pergunte:

Como tudo isso que está acontecendo no mundo **me** afeta?

Que recursos e talentos eu **já tenho** que me permitirão atravessar isso com dignidade e esperança?

Como posso contribuir para a construção de novas e melhores formas de ser e viver neste planeta?

Quem sou eu nesta tempestade?

Com quem vou **me conectar** para compartilhar apoio e exponencializar recursos que possam beneficiar a todos?

O que **não me cabe** mais e pode ser deixado para trás?

Escreva suas respostas de forma fluída, sem muita elaboração. Depois, reflita sobre elas e troque ideias sobre isso com gente da sua confiança. Estes poucos questionamentos já podem ser suficientes para te colocar no fluxo de abertura para tomar parte, de maneira consciente, desta grande Travessia.

Um caminho generativo

No sentido oposto de destruição, regenerar é gerar vida de novo. E de novo e de novo. A vida pede passagem em meio às trevas, à neblina e à escuridão. E sempre busca uma frestinha no asfalto para que uma pequena flor possa desabrochar.

No micro e no macro, as iniciativas regenerativas estão acontecendo. Há *células* e *redes* de pessoas que estão se unindo para cocriar, não só futuros possíveis e desejáveis, mas também para atender de maneiras mais criativas e inovadoras os problemas do presente. E os mesmos intelectuais e analistas que nos ajudam a perceber o grande desmoronamento em curso também são aqueles que nos mostram quando a consciência da nossa interdependência se une à fraternidade, ao cuidado e à solidariedade. E como os recursos como inteligência, tecnologia, talentos, dinheiro e vontade podem ser colocados a serviço da proteção da vida, da dignidade e da sustentabilidade de nossa condição na Terra. No caminho de aprender a viver num mundo de ondas gigantes, Humberto Maturana nos lembra que a única pergunta que precisamos responder é: "o que queremos conservar?", pois o resto todo mudará.

GESTÃO DA TRAVESSIA

Chegou a hora, barqueiros e barqueiras!
Coloquem na mochila o que é essencial para nutrir o
corpo, a alma e o espírito.
Reúnam GPS, mapas, bússolas e remos.
Construam seus barcos e pranchas com materiais como
confiança em si, fé e conhecimentos úteis que tragam fir-
meza para suas decisões.
Levem junto suas caixas de ferramentas, pois vocês vão
precisar delas!
Um caderninho e uma caneta podem fazer muita dife-
rença nas horas de solidão.
Aproveitem o fogo alto da mudança para aquecer seus
corações e iluminar o chão debaixo de seus pés.
Quando se assustarem com o balanço do barco, respirem
e retomem seu centro.
Peçam a proteção do mar, para que ele os leve em mãos
amorosas.
Lembrem-se de parar e descansar de quando em quando,
deitando de barriga para cima para contemplar as estrelas.
E, por favor, deem uma boa olhada ao redor para aco-
lher com alegria as luzinhas dos outros barcos que mos-
tram que vocês não estão sozinhos na jornada.
A Travessia já começou.

3. "PARA O ALTO E AVANTE!" SERÁ?

> *Alguns povos têm o entendimento de que nossos corpos estão relacionados com tudo o que é vida. Que os ciclos da Terra são também os ciclos dos nossos corpos.*
> Ailton Krenak, em *A vida não é útil*, 2020.

Existe o tempo de semear, o de cultivar, o de colher e o de descansar. Sábios conselhos que todos nós já recebemos de alguém com experiência, quando nos vimos afoitos por querer apressar o resultado de um projeto ou lamentando pelo tempo de uma viagem deliciosa estar chegando ao fim. Estamos imersos num oceano cósmico de ciclos que começam e terminam – dentro e fora de nós. A criação do universo, o nascimento de uma estrela, o tempo que a Terra leva para dar uma volta completa ao redor do Sol. Movimentos circulares de fins e recomeços que são muito parecidos, pelo menos em seu desenho, com os pequeniníssimos ciclos da renovação das células do corpo, do ciclo de um dia de trabalho ou da digestão completa do seu almoço até você ter fome de novo. Até a forma como estudamos o desenvolvimento de uma pessoa é pautada por ciclos organizados em grandes fases, como infância, adolescência, velhice, e muitas outras no meio destas. Relacionamentos, saúde, carreira, amizade, sexualidade, obra de uma casa, mandato político, plano estratégico, investimento na bolsa. Já reparou como tudo isso também é cíclico?

E, se o desenho da vida é todo moldado em padrões circulares e espiralados, por que raios fazemos tanta força para viver em linha reta? Fazemos planos em linha reta, pensamos nossa carreira em linha reta, acreditamos que basta conquistar o ser amado e ele dizer "sim" para que, deste dia em diante, esta relação se desenhe numa estrada lisa, sem curvas e sem abismos.

Os parâmetros do que é tido como ideal para um ser humano ocidental, urbano e conectado em mais de uma rede social, curiosamente se parecem com aquele antigo lema do Super-homem: "para o alto e avante!". Muita gente que já veio aos meus seminários sobre "Ciclos de Vida e Morte" ficou impactada ao constatar que está quase sempre fazendo força para fazer uma vida retilínea e ascendente, enquanto, em algum lugar de sua alma, já sabe que o que está vivo sempre começa, se desenvolve, chega ao ápice e morre, ou seja: cicla. Sempre achei isso um fenômeno curioso, pois me parece tão óbvio. Quanto tempo investido com meus clientes em psicoterapia e também em grupos de lideranças em empresas para tentar amolecer um pouquinho este modelo mental tão enraizado. Ele pode ser um obstáculo no caminho da mudança, já que ativa a ilusão de que temos controle e previsibilidade sobre o que está por vir. Temos em parte.

Muitos de nós não nos damos conta do quanto ideais neoliberais de crescimento sem fim, consumo em expansão, carreira que só ascende, estabilidade garantida e previsibilidade moldam nossa forma de pensar e olhar para o futuro. Observe com um pouco mais de profundidade as mudanças climáticas e vai notar, sem dificuldade, que elas são fruto direto de cento e poucos anos de crescimento acelerado, e depois exponencial, da produção, do consumo e da extração de recursos naturais como se não houvesse amanhã, literalmente. Vivemos como se o nosso mundo e tudo o que há nele fossem ilimitados. Mas não é. Nosso mundo é limitado. Nossa jornada tem picos e vales, velocidade e calmaria, e precisamos lidar com isso.

Em linha ou em círculo?

Por causa desta fantasia de linearidade e sucesso constante, quando vem um revés, uma queda, um evento inesperado que muda o *script*, o baque para a pessoa de visão retilínea é muito forte. Todos os revezes tendem a ser vistos como fracassos – alguns são, já outros, na verdade, são apenas a experiência de um ciclo que chegou ao fim. A realidade é mesmo muito moldada pelos olhos de quem a observa. São momentos nos quais a realidade se impõe sobre nossas idealizações e nos derruba das nuvens de uma existência artificial. A expectativa de atingir controle e estabilidade que nos trará um estado de felicidade estável, conquistas financeiras que nunca mais serão perdidas, amores que serão eternos e uma saúde inabalável, além de absolutamente incompatível com a natureza cíclica da vida, pode ser um sinal de imaturidade e infantilidade do ponto de vista psíquico. Chego a pensar que o mito da vida retilínea e uniforme, previsível e controlável é algo como querer viver na "Terra do Nunca", onde Wendy e Peter Pan se envolviam em aventuras estimulantes e divertidas todos os dias e o tempo não passava para ninguém. Assim como não existe verão o ano todo, são as alternâncias entre quente e frio, noite e dia, som e silêncio, alegria e tristeza, amor e raiva, ação e descanso que dão colorido e potência a uma existência.

Há um símbolo muito antigo usado por alquimistas e místicos chamado *Ouroboros*. Ele é representado pela serpente ou dragão que engole a própria cauda e expressa justamente a jornada de vida-morte-vida que está presente em toda a realidade. *Ourobórico* é um mangue onde a matéria orgânica se decompõe e, ao mesmo tempo, nutre o nascimento de outras formas de vida. É o trabalho dos fungos que atuam sobre a carcaça de um animal morto no meio de uma floresta e distribuem as minúsculas partículas por entre uma gigantesca teia invisível de ligações com todas as formas que integram aquele habitat, garantindo a continuidade da vida em novas formas corpóreas. O caminho pelo qual passou uma pessoa que se divorciou de um casamento de muitos anos e viveu seu luto, deixando para trás o que não nutria mais, cuidando daquilo que desejava preservar e iniciando uma nova etapa, ao cultivar novos planos e realidades, é um processo "ourobórico".

Figura 1: Ouroboros ou Uroboro.[1]

---

[1] Fonte: www.dicionariodesimbolos.com.br. Acesso em: 10 de maio de 2022.

GESTÃO DA TRAVESSIA

Nos estudos alquímicos, muito valorizados na psicologia de Carl Jung, o Ouroboros tinha relação com a espiral da evolução, o dia seguinte após a conclusão "da obra". O alquimista sabia que chegar ao resultado esperado do processo alquímico (o elixir da longa vida ou a pedra filosofal) não significava exatamente o fim do caminho. Era apenas o fim de um ciclo que, em seguida, se converteria num novo começo.

O barato da jornada de um Alquimista não era chegar a algum lugar de riqueza material por produzir ouro. Era reconhecer que, à medida em que produzia transformações dentro do vaso alquímico, com ingredientes e metais, estava, na verdade, transformando a si mesmo. Eram ele mesmo e sua ampliação de consciência o verdadeiro ouro da operação.

Em outro exemplo de começo, meio e fim não lineares, está o príncipe Sidarta Gautama, o Budha, que, em 600 a.C., concluiu, em sua jornada de investigação sobre a natureza do sofrimento humano, que há um fenômeno inexorável na natureza de tudo o que existe, ao qual chamou de *impermanência*. Ele ensinava que a fonte principal do sofrimento humano provém da incompreensão desta qualidade da vida e do apego a tudo aquilo que passa, que muda, que se transforma, que morre. O budismo desenvolveu, ao longo destes mais de dois mil anos, práticas e ensinamentos que procuram desenvolver sabedoria cotidiana para fluir com sabedoria e compaixão pela grande experiência de impermanência que é viver na Terra.

A alma que cicla entre luz e sombra

Muitos outros povos e culturas se ocuparam de observar e compreender a complexidade da vida cíclica e as suas implicações para a existência humana. Na cultura grega antiga, o mito de Deméter e Perséfone é um exemplar fabuloso deste esforço, por tornar inteligível para as pessoas o processo vida-morte--vida, que não está somente presente na morte física de um corpo, mas também na passagem da infância para a adolescência, numa festa de formatura, num pedido de demissão e num orgasmo (que em francês, não à toa, ganha o nome de *petite-mort*). Este mito explica não somente a origem mitológica das estações do ano, mas também simboliza a importância da convivência alternada da alma (Perséfone) com o reino das sombras da morte (Hades) e com a potência da abundância da vida (Deméter).

> *Perséfone, a rainha dos infernos. Aquela que viaja entre os mundos. Que conhece de perto os segredos da vida e da morte, da luz do sol e da escuridão das profundezas. Ela é o símbolo da alma humana, que, a cada descida ao reino das sombras, renasce mais madura e consciente de si. É a partir dela que a vida na Terra passa a conhecer as estações do ano. Na primavera e no verão, Perséfone está na casa da Mãe Natureza, que, por conta da presença da filha, faz vicejar flores, frutos, ventres e cores. Quando o outono chega, Perséfone se prepara para descer ao seu reino e desfrutar de banquetes e celebrações promovidas por seu marido Hades, o soberano dos infernos. Durante este período, no qual ela assume seu trono, na superfície as folhas caem, as plantas secam, os bichos hibernam e faz muito frio. A Mãe Terra (Deméter) está de luto, saudosa, vivendo profunda tristeza. Quando o inverno acaba e Perséfone volta de novo para os seus braços, as plantas explodem em brotos e novos tons de verde, o sol passa a brilhar mais forte, ouve-se o canto feliz dos pássaros e uma onda de vitalidade toma conta dos vivos (versão da Autora).*

GESTÃO DA TRAVESSIA

É aprendendo a fluir ciclicamente entre as experiências escuras e geladas do inverno e a exuberância solar do verão, com seus frutos doces e flores coloridas, que a menina raptada deixou de ser a ingênua Coré para ser conhecida como Perséfone, a iniciada nos mistérios da vida-morte-vida e entronizada rainha dos ínferos. Perséfone é a grande guia mitológica das nossas tão conhecidas visitinhas ao fundo do poço. É ela (a alma desperta) que sabe os caminhos da descida aos lugares sombrios que nos habitam e do retorno à superfície onde o Sol brilha e aquece de novo a alma cansada da jornada.

Ao ignorar a natureza cíclica e fazer força para ter tudo disponível e em expansão o tempo todo, parece que chegamos no limite da artificialização de nosso modo de vida. É interessante observar que, quanto mais tentamos levar adiante nossa tentativa racionalizante de dominar e controlar a natureza, de produzir e consumir infinitamente, de passar por cima das necessidades de nossos corpos e almas, mais adoecemos e aceleramos a degradação da nossa possibilidade de um futuro saudável, individual e coletivamente.

Em sentido contrário a esta escalada, assistimos a diversos movimentos de reconexão de nossos modos de produzir, de viver o cotidiano e de conviver em comunidade. De diversos lados, é possível ouvir o canto de intelectuais, cientistas, médicos, filósofos, líderes espirituais e representantes dos povos tradicionais entoando sinais de que a restauração do nosso mundo degradado passa por restaurar a relação entre o humano e a natureza (como se ele mesmo não fosse parte da natureza!) e entre o humano e sua própria condição humana.

Sempre fui uma curiosa por compreender o que constrói e o que regenera a saúde de um Ser, assim como sobre as possibilidades de promover saúde por meio de caminhos mais naturais (o que hoje é definido como tratamentos "complementares", medicina integral, sabedorias de cura dos povos tradicionais). Ainda na adolescência, procurava alguma possibilidade não medicamentosa para tratar meus desequilíbrios hormonais e suas várias consequências sobre meu corpo, meu emocional e minha disposição para o dia a dia. Os tratamentos convencionais resolviam os sintomas, mas geravam uma série de outros efeitos colaterais sofridos. Experimentei diversas vertentes e ganhei muita qualidade de vida ao depender menos dos hormônios sintéticos para controlar os altos e baixos do meu feminino. Quando comecei a investigar a forma como as mulheres do passado lidavam com problemas parecidos com os meus, descobri que, para além do uso de plantas medicinais e cuidados com alimentação, o que as mulheres do Egito antigo e dos povos originários de diversos continentes tinham em comum era uma grande atenção aos ciclos naturais. Ciclos da Lua, estações do ano, ciclos de vida (menina, donzela, mulher, mãe, anciã) eram respeitados e celebrados por elas e havia um tipo de harmonia possível e benéfica entre os movimentos que aconteciam fora e os que aconteciam dentro do corpo. Clarissa Pínkola-Estés, em "Mulheres que correm com os lobos", descreve a profunda relação que a alma guarda com os ciclos de vida-morte-vida que configuram misteriosamente os processos que acontecem em nosso metabolismo, além dos fluxos de expansão e contração presentes nos ciclos naturais. Dei-me conta, naquele momento, da importância de conhecer e compreender o ciclo menstrual, o fluxo contínuo entre fertilidade e renovação do útero, e de como esta dinâmica se articula com as fases da Lua. Para muitas mulheres, resgatar uma harmonia com a natureza da vida-morte-vida que opera a cada 28 dias tem sido um exercício promotor de saúde e qualidade de vida. Atualmente há muitos movimentos que organizam sistemas de gestão de tempo e projetos que respeitam os ciclos do corpo,

GESTÃO DA TRAVESSIA

e muitas mulheres observam os benefícios de harmonizarem o uso do tempo com o que seu corpo precisa naquele período. Existem agendas organizadas de modo a apoiar mulheres no processo de observação e aprendizado sobre o funcionamento de seus corpos através de todo o ciclo menstrual, permitindo que descubram como são afetadas em sua criatividade, sua disponibilidade para realizar coisas e estar em contato com parcerias afetivas, seu nível de sensibilidade emocional.

Mas os ciclos acontecem com todos: com homens, crianças, animais e plantas. Só a gente que desprendeu a ter olhos para ver. Nós os perdemos no caminho da industrialização e hiper-racionalização do viver. Queremos comer mamão, camarão e morangos vermelhinhos o ano todo, desrespeitando, à base de muito adubo químico e pesticidas, os ciclos naturais de plantio, colheita, pesca e tantos outros. Você já sabe que existe uma relação direta entre este modo artificializante de viver com mazelas, como a extinção de espécies, a contaminação dos solos e veios d'água, a obesidade, as doenças e a desnutrição.

Há diversos outros movimentos de revalorização da natureza cíclica acontecendo, desde reciclagem até a atenção à cadeia de vida dos materiais que consumimos, de roupas, produtos de limpeza e eletrônicos, até alimentos orgânicos, que impõem o retorno do respeito à "época" do ano no qual se desenvolvem. Como foi que nos acostumamos a comer tomates com gosto de veneno que passavam dias e dias disponíveis na gôndola do supermercado? Na sua relação com seu corpo, assim como nos planos do agronegócio mundial, a lógica linear do "quero tudo, quero mais e quero sempre" só pode acabar em entropia, ou seja, num caminho gradual de desequilíbrio e desintegração contínuos. São tantos os caminhos e iniciativas para promover a restauração da necessária harmonia entre o que acontece dentro a gente e o que acontece ao redor de nós que isso me enche de esperança de que somos capazes, sim, de curar esta imensa desconexão e suas implicações catastróficas.

Desapegar e pulsar

O apego à ideia de uma vida em linha pode potencializar o sofrimento de quem está vivendo uma Travessia. Quase todas as pessoas que acompanhei terapeuticamente e que haviam acabado de terminar um relacionamento juravam, de pés juntos, que nunca mais encontrariam alguém tão legal, que estavam condenados à solidão e à falta de amor para toda a eternidade. Passado o processamento do luto e a regeneração pessoal, via de regra apareciam para me contar que haviam conhecido alguém incrível e que estavam loucamente apaixonados de novo. Às vezes o intervalo de tempo era de 3 meses! Constataram na prática que "a vida vem em ondas como o mar", como diz Lulu Santos. O mesmo acontece com demissões inesperadas, projetos que naufragam e faculdades trancadas. Falta àquele que diz "nunca mais vou conseguir reverter isso" recuperar o discernimento e lembrar de que o próximo ônibus da oportunidade vai passar de volta neste mesmo ponto logo mais. Resta confiar e esperar.

Para aprender a atravessar mudanças com sabedoria e competência, é preciso também ser capaz de recuperar o pulso. Os ciclos se inscrevem de forma material em nosso corpo, em nosso funcionamento metabólico, desde o nascimento e morte das nossas células até a regulação do nosso tempo de vigília e sono.

Você é um aglomerado de ciclos ambulante e em pleno funcionamento. Lide com isso, respirando, mastigando alimentos

GESTÃO DA TRAVESSIA

com calma, respeitando seu cansaço, não vendendo as suas férias, esperando sentir fome para comer de novo.

Para honrar a vida, é preciso preservar nossa capacidade de afetar o mundo e sermos afetados por ele. E este é o nosso maior trunfo contra a normose e o modo "zumbi" de sobreviver. Trabalhar pela reconexão com a nossa verdadeira natureza nos permite pensar a jornada de nossa existência em bases muito mais reais e menos ilusórias, menos arrogantes. E, assim, é possível sentir mais entusiasmo, fazer planos mais maduros, lidar com as adversidades com sabedoria, enfrentar o vitimismo, estabelecer objetivos sustentáveis, dizer adeus com serenidade, conviver com o vazio entre os ciclos com coragem e aplaudir o novo quando ele chega. A vida sempre encontra um jeito de seguir seu curso...

Eu penso que há três estados de ser. Um é a expressão inocente da Natureza. Outro é quando você pausa, analisa, pensa sobre isso. Então, tendo analisado, surge o estado no qual você é capaz de viver como a Natureza de novo, mas com mais competência, mais controle e mais flexibilidade.

Joseph Campbell

4. MUDAR: MORRER PARA NASCER DE NOVO

Drão, o amor da gente é como um grão,
uma semente de ilusão,
tem que morrer pra germinar.

Gilberto Gil

Para que uma forma nova possa ser configurada, uma forma velha precisa ficar para trás. Estamos aqui diante de um dos grandes dilemas que as pessoas enfrentam quando sonham em mudar algo: deixar algo, alguém ou um jeito de agir para trás. Mexe com medos, apegos, sensação de segurança no conhecido, tudo isso. É por essas que existe um ditado nas empresas de que "todo mundo quer a mudança, mas quase ninguém tem coragem de mudar". Esta é uma etapa da Travessia que mexe com uma complexa rede de conexões, e é por isso que um dos trabalhos a serem feitos aqui é desatar os nós para poder soltar o barco.

Neste caminho do "deixar ir", é, também, interessante suspender o "pensamento de download", que é este automatismo que a gente tem de responder àquilo que se apresenta diante de nós usando somente saídas que já usamos no passado, como se diz na *Teoria U* de Otto Sharmer, uma das abordagens que fundamentam a *Gestão da Travessia*. Isso porque sabemos que há uma tendência de que, ao nos depararmos com a necessidade de criar alguma coisa nova, a gente comece a trazer automaticamente à mente a memória de soluções que já usamos para lidar com problemas parecidos no passado. Ou seja, este mecanismo aumenta o nosso risco de acabar encontrando a mesma forma na outra margem. Não há ponto de virada ou salto de consciência. É mais do mesmo. Sabe aquela sua amiga que terminou uma relação abusiva com um moço que era loiro, alto e vendedor, e que, seis meses depois, estava apaixonada por um moreno, baixo e professor, porém tão abusivo quanto era o anterior? Ser capaz de modificar um padrão repetitivo que já não atendia mais às necessidades do momento pede que a gente aprenda a frear o impulso de fazer "copia e cola" das nossas velhas fórmulas para enfrentar novos problemas.

Há alguns estudiosos de mudanças, como Watzlawick (1997), que nos alertam sobre o risco de fazermos mudanças ilusórias, assim meio "cosméticas", como aquele corte de cabelo radical quando a insatisfação com o emprego está a mil, ou uma boa mudada nos móveis da sala de lugar depois de uma briga com o companheiro para ver se deixa as coisas com "novos ares". Em nossas vidas pessoais, corporativas e até na política, convivemos com dezenas de exemplos de mudanças que vieram para mudar tudo, mas na realidade depois que aconteceram não mudaram nada. Um bom trabalho de gestão desta mudança desejada pode ser um antídoto e tanto para escapar do risco de acordar todos os dias como se estivesse num eterno "Vale a pena ver de novo"[2].

---

[2] Programa de TV que reprisava novelas antigas no período da tarde.

GESTÃO DA TRAVESSIA

Algumas perguntas úteis para colocar uma vontade de mudança em terra firme são:

Que motivos eu tenho para querer mudar?
Quais os reais problemas que precisam ser saneados e transformados?
Que estratégias já usei para tentar resolver estes problemas? Por que elas fracassaram?
Como se sentem os envolvidos e possíveis impactados?
Esta mudança é viável?
Tenho os recursos de que preciso para começar?
De que tipos de ajudas vou precisar?
Que necessidades minhas serão atendidas através desta mudança?

Responder por escrito e com tempo é sempre um bom exercício para promover visão ampla e clareza. Notem que estas perguntas cabem para quase todo o tipo de mudança, desde como faço para pedir o divórcio, começar uma sociedade, iniciar uma transição de carreira, até sair da casa dos pais ou ir morar na Dinamarca.

Para deixar ir

Deixar ir pede coragem. Aceitar que todo ciclo tem um fim, mergulhar no caminho do luto. O fato é que está presente, nos processos de encerramento, um dos temas mais mobilizadores da existência e da consciência humanas: o medo da morte. Saber que vamos morrer um dia, que as pessoas, bichinhos e plantas que amamos morrem, assim como os projetos e relações, é absolutamente desconcertante. Mais impactante ainda é dar-se conta de que a gente morre a cada momento vivido. E renasce também. Há mais ou menos 70 mil anos, começamos a nos dar conta, enquanto humanos, de que um dia morreríamos. E o surgimento desta constatação provavelmente deu início aos rituais fúnebres e ao gesto de enterrar e cremar os corpos. Gerou também as primeiras fagulhas de religiosidade e espiritualidade, devido à busca por explicações sobre o sentido da vida e de tudo o mais que define a existência. O que aconteceria do outro lado? Existiria outro lado? Por que algumas coisas acontecem com algumas pessoas e não com outras? É possível a vida eterna? Há como adiar a morte?

A morte é uma grande e temida professora. Ela nos ensina (e às vezes nos convoca com força) a dignificar a nossa existência enquanto vivos (Arantes, 2019). É pouco provável que alguém enfrente a morte de perto num acidente ou num assalto e siga vivendo como se nada estivesse acontecido. De certa forma, é possível dizer que o processo de mudar embute em si um convite para morrer, atravessar o vazio e renascer numa nova configuração. Muitas vezes, mudar implica em deixar pra trás partes de nós, e isto é assustador num primeiro momento. Isso também pode acontecer com a nossa relação com lugares, lares, relações e rotinas que vão desaparecendo e deixando o espaço vazio. Espaço este que será preenchido pelo novo algum dia, ou ficará vazio e será ressignificado de alguma forma. Mesmo naqueles casos em que se diz que "é uma mudança pra melhor!", há um pedágio de perda a se pagar, por mais experimentada e terapeutizada que a pessoa seja.

O processo de afastar-se da velha forma foi chamado por Stanley Keleman (1994), terapeuta corporal californiano, de "*ending*". Algo como "encerrando, finalizando, fechando". Ele ensina que o fenômeno da mudança está a serviço da sobrevivência e da continuidade da vida, porém, nos obriga a encarar

GESTÃO DA TRAVESSIA

o desconhecido, o que nem sempre ativa sensações e experiências muito confortáveis, especialmente no início do processo. Este desejo de continuidade, quando se depara com uma condição de obstáculo, pode deflagrar uma crise. Muitas vezes o que traz as pessoas para a terapia é um sintoma (físico, emocional, comportamental, relacional) que surge e assume o papel de um grito de alerta emitido por aquele Ser. Se o sintoma falasse pela pessoa, provavelmente diria "eu não suporto mais viver assim! Preciso mudar agora!".

Lembro-me de ter sofrido com episódios de pânico por todo o ano que antecedeu meu divórcio. Provavelmente eles só aconteciam de madrugada porque, durante o dia, havia filho para cuidar, aulas a dar e clientes a atender. Estes momentos de extrema ansiedade e desamparo só pararam de ocorrer quando eu finalmente, depois de muita terapia, consegui me olhar no espelho e assumir que algo não ia bem e que eu precisava bancar que precisávamos de nova configuração de vida. Isso abriu espaço para que eu e meu companheiro conseguíssemos começar a conversar sobre nossa percepção comum de que seguir daquela forma não fazia mais sentido para nenhum dos dois. Não são só os organismos individuais que fazem sintomas que indicam a urgência da mudança. Os casamentos, os prédios, as máquinas, também fazem sintomas, assim como as empresas quando têm acidentes de trabalho ou passam por um surto de doenças ocupacionais. Todos são sistemas. E os sintomas produzidos por eles podem ser escutados como sinais de que "algo está fora da ordem".

Quando a forma de viver começa a dar sinais de decadência e esgotamento, é porque uma mudança se anuncia no horizonte. Algo em nosso jeito de pensar, sentir ou agir precisa ser revisado para que seja possível viver melhor. Provavelmente partes desta forma atual e conhecida deixarão de existir em breve, e uma desorganização virá como consequência. Com ela, um mergulho no tão temido estado de caos. Se, e quando, o caos for acolhido e cultivado, em algum tempo uma nova forma se organizará, impulsionando o ser para uma experiência nova de existir. A entropia (tendência ao desgaste e à finitude) é uma das forças que está presente nos sistemas e em seus processos o tempo todo, portanto, é preciso lidar com suas consequências. Minha avó Mercedes dizia: "não há mal que sempre dure, nem bem que nunca se acabe".

"Falar disso é fácil."

É isso que você está pensando?

Em "A Alma Imoral", do rabino Nilton Bonder (1998), leitura obrigatória para barqueiros de Travessia, podemos apreciar e também reconhecer a ambivalência em nós de duas forças que se alternam a serviço da preservação do humano: a tradição, que está a serviço da proteção e da perpetuação da espécie; e a transgressão, que serve aos desígnios da preservação da Alma. Antagônicas entre si num primeiro momento, elas se mostram em consonância na medida em que se dispõem a sustentar a continuidade de uma existência pulsante. No livro, Bonder traz também uma bela ilustração do "ponto de virada" que nos coloca no caminho da mudança. Ele traz uma interpretação antiga na sabedoria judaica a respeito da fuga do povo judeu para o Egito. Nela, testemunhamos a saída do povo daquele estado de coisas que simbolizava "um lugar estreito". Um modo de viver que um dia foi "normal", mas que, com o tempo, ficou pequeno, sufocante. Então, o impulso é empreender a busca por um lugar mais amplo, onde se possa respirar, soltar e assim voltar a florescer, ou seja, "a Terra Prometida".

Certa vez, recebi um casal em terapia que estava com urgência para decidir se queria seguir junto ou não. A urgência toda se dava porque o contrato de aluguel da casa deles acabaria em dois meses. Um dos membros entendeu então que seria um absurdo renovar o contrato da casa por mais um ano já que eles brigavam muito. Ele tinha receio de a relação acabar e eles terem que pagar uma multa pela entrega da casa durante a vigência do contrato. Cada um com seu conceito de lugar estreito! O desejo e a coragem de mudar, muitas vezes, nascem do reconhecimento de se estar entalado em um lugar que já ficou pequeno e também da vontade de conquistar um lugar mais amplo e arejado para se viver.

O curioso é que, já nos primeiros movimentos que fazemos para sair do lugar estreito e partir na direção do novo, nos vemos envolvidos na lida com as resistências, as nossas e as dos envolvidos. Do ponto de vista terapêutico, o surgimento das resistências à mudança não é algo que precisa ser curado ou combatido. Elas não são inimigas. Pelo contrário. São indicadores de que algo realmente está mexendo e se transformando e os envolvidos estão percebendo isso e reagindo. Só resiste quem está muito vivo!

Barqueiros de nossa própria travessia

Nosso trabalho como barqueiros de Travessia é, em primeiro lugar, reconhecer e acolher as resistências, tanto as nossas, como as dos outros. Dar boas-vindas ao medo. Depois que convidamos o medo para sentar-se à mesa e lhe oferecemos uma sopinha quente e um olhar amoroso, podemos, então, perguntar o que está fazendo com que ele esteja tão presente e de que ele precisa para se acalmar e voltar a permitir que o fluxo da mudança siga. As resistências à mudança não devem ser confrontadas ou atacadas, pois são, na verdade, produto da necessidade, tanto física quanto psíquica, que temos de manter nosso equilíbrio (homeostase). Mesmo que a situação esteja desconfortável, pelo menos ela é conhecida. Já o novo é desconhecido, elicia nossos medos e nos faz hesitar em dar o próximo passo. Eu garanto para vocês: as respostas que acessamos quando acolhemos amorosamente com interesse genuíno as resistências são as mais surpreendentes. São revelações que nos permitem ajustar as velas e os motores para que a jornada possa, no momento mais seguro e oportuno, retomar seu curso. Manejar emoções intensas com gentileza e sem exigências é parte fundamental da arte de gerenciar Travessias!

5. NO OUTONO, AS FOLHAS CAEM

Oh, pedaço de mim
Oh, metade exilada de mim
Leva os teus sinais
Que a saudade dói como um barco
Que aos poucos descreve um arco
E evita atracar no cais.

Chico Buarque

Luto é a parte da mudança que ninguém quer para si. Os sentimentos que eclodem, disparados por uma perda, não estão entre os mais agradáveis. Saudades, abandono, desolação, vazio, culpa e pesar nos desorientam, comprimem, apertam o peito, esfregam a alma com palha de aço. É corriqueiro e esperado que uma pessoa vivencie o luto quando há um acidente grave, o falecimento de alguém ou algum tipo de tragédia. Estamos mais acostumados com a associação entre luto e morte física, por exemplo. Curioso é notar que, para muita gente, as "boas" mudanças (aquelas que levam para uma situação melhor) e as mudanças "escolhidas" (aquelas que são frutos de sonhos que se realizam) parecem não ter relação alguma com o enlutar. Este é um engano comum. Perdi as contas de quantos recém-casados e pessoas que acabaram de ter seu primeiro bebê que atendi na clínica e não compreendiam o porquê de se sentirem tão desolados e entristecidos num momento que "deveria" ser um dos mais felizes de suas vidas!

No entanto, é preciso lembrar: há medo, mas há também tristeza, surpresa e esperança no começo de um processo de crise, transição e mudança. A tristeza natural por deixar ir aquilo que não serve mais à vida. Aquilo que cumpriu seu papel. Aquele ou aquela que encerrou seu ciclo. A dor da perda. Por mais desejada que seja a mudança, ela sempre vai levar com ela um tempo que não volta mais. Há, portanto, um luto a ser feito do ciclo que se encerra.

> *Os pesares e lutos dizem respeito a conexões cortadas, que se traduzem no modo como fazemos ou não fazemos finalizações. Pesar é o sentimento de perda diante de uma conexão interrompida ou quebrada, e luto é o processo de incorporação desta perda em nossa vida. O pesar começa habitualmente com o inesperado e é a expressão emocional deste espaço recém-criado ou da conexão terminada. Luto é o processo de trabalho sobre este. (Keleman, 1997 – Viver o seu morrer, p. 39)*

Atravessando o luto

A coragem de enfrentar o processo de enlutar-se de uma conexão cortada com algo, alguém ou um tempo que se foi é um elemento central na gestão de Travessias.

Aceitar que o luto é parte da mudança e que é preciso vivenciá-lo, fazer o caminho, sentir seu gosto e integrá-lo na

GESTÃO DA TRAVESSIA

carne é um exercício de lucidez. Falo em coragem e entrega para enfrentar, pois é muito tentador anestesiar-se.

De modo mais consciente ou menos consciente, tendemos a nos dissociar da angústia, amortecer os afetos desagradáveis, passar batido pelo nó na garganta ou mesmo congelar diante do alagamento emocional do processo de luto. Ainda mais neste momento histórico, no qual aparecer constantemente feliz e luminosa em uma rede social tornou-se uma dívida universal. Você já acorda devendo radiância ao mundo. Somos uma geração com dificuldade de chorar. Nos distraímos da nossa dor com telas eletrônicas e amortecemos a consciência com açúcar, álcool e outras tantas substâncias que desconectam o "sentir" da tomada. Assim parece mais possível viver. Porém, o preço que se paga por não reconhecer as finalizações nem as integrar é seguirmos o caminho carregando, em nossa bagagem, fantasmas, apegos nostálgicos, fixações e repetições neuróticas. Quem quer virar um tipo de fantasma que vaga por aí, procurando recuperar algo que não tem volta, na esperança de que isto o faça sentir-se vivo de novo?

A dor de uma perda precisa ser respeitada, honrada, sentida, chorada, fluída e elaborada para que ela possa parar de estocar como um ferimento inflamado. E isto se aplica a perdas de todas as grandezas, desde a falta que faz a comidinha da sua mãe depois que você está morando sozinha até o falecimento de uma pessoa muito querida. Aprender a atravessar os processos de luto de forma mais ou menos saudável é uma competência bastante alinhada com o desenvolvimento da nossa Inteligência Emocional. É como se aprender a deixar ir fosse disciplina obrigatória para se formar no curso da "Arte de Viver a Vida". Ninguém escapa desta lição.

Alguns dizem que a gente não pode escolher quando uma dor vai nos acometer, mas que o nível de sofrimento que experimentamos em decorrência dela é opcional. Ou seja, além da forma de enfrentarmos uma dor ser algo muito particular, ela também influencia na carga emocional que vamos experimentar ao longo do processo de curá-la. No capítulo sobre autocuidado e atitudes salva-vidas, vou abordar um tanto mais isto que chamamos de estratégias de enfrentamento ou "*coping*" (Antoniazzi et all, 1998).

O processo de luto, apesar de universal, ganha contornos bastante singulares de acordo com os padrões de funcionamento (Rosset, 2013) e personalidade de cada um, sua história emocional, tipo de perda sofrida, fase da vida, entre outros fatores. Tem gente que se debulha de chorar, há quem fica amortecido, quem se levanta de manhã sem pensar muito e vai trabalhar e quem passa por todas estas opções várias vezes ao dia. Ou seja, não há um jeito "certo" de viver este processo. Mais importante do que descobrir o jeito certo ou normal de passar pelo luto, é passar por ele!

Muita gente me pergunta coisas como: "É normal que a fulana que se separou do marido há 3 anos ainda esteja fechada para novas relações?". "Depois de quanto tempo devo mexer nas coisas da pessoa que faleceu?". "Por que ainda não consigo passar em frente ao prédio do meu antigo emprego, se já faz mais de ano que fui demitido de lá?". "Ela não quer ver ninguém desde o velório, isto é normal?".

Normal ou patológico?

Luto não tem cronograma, minha gente. Não cabe na agenda nem tem deadline. Cada Ser tem sua sequência, seu ritmo, sua forma de trabalhar nesta obra interior. Os gregos entendiam que havia dois tipos de tempo: o do relógio (Cronos) e o do coração (Kairós). O primeiro está relacionado à passagem das horas, à contagem dos dias, ao calendário, à época do ano. O segundo está associado ao momento vivido, sentido, experienciado. É graças a Kairós que, às vezes, a gente experimenta coisas como engatar num papo com uma amiga num café e nem ver o tempo passar. Quando você olha no relógio, já se foram 4 horas de papo, e você com a sensação gostosa de que sentaram ali há não mais que 1 hora. É por causa de Kairós também que meia hora na fila do pronto-atendimento, quando você está se sentindo mal, parece uma eternidade.

Um dos critérios que têm sido utilizados em tentativas de classificar o que é normal e o que é patológico numa jornada de luto é o tempo. Apesar dos diversos esforços no sentido de transformar o processo de luto numa síndrome (American Psychiatric Association, 2014) e sua consequente ênfase na medicalização dos "sintomas persistentes" associados a ele, sigo fazendo coro com os colegas que compreendem e trabalham com uma perspectiva mais sensível e empática, portanto menos patologizante deste estado existencial. Nem todo sofrimento é patológico, é sempre bom dizer.

A tristeza não precisa ser medicada, os sintomas depressivos sim, em alguns casos. Sempre vale uma avaliação profissional criteriosa para apoiar na escolha dos cuidados necessários para atravessar este processo de uma forma saudável e acolhedora. Pois é da vida a ação de nos apertar, nos rasgar, nos expandir e nos desafiar.

Será que toda emoção intensa e desconcertante precisa ser tampada e anestesiada? E como fica a função da angústia como bússola das nossas verdades inconscientes? Existe processo de consciência e autoconhecimento possível para quem está amortecido? Qual o preço que se paga por isso? Volto a insistir que não faço apologia ao sofrimento como único caminho para o amadurecimento. De forma alguma. Mas, também, não consigo ignorar sua presença constante na biografia humana, especialmente em situações de perda e desconexão.

Será que é possível comparar o significado e o impacto de uma perda para pessoas diferentes? Mais uma vez estamos aqui lidando com o tema da singularidade de pessoas e de situações. Eu cresci numa família com histórias muito próximas de perda de filhos, geralmente trágicas. Assisti à minha avó colocar uma rosa de jardim, todos os dias pela manhã, no vasinho de cristal que ficava sobre a lareira da sala, em frente ao porta-retrato do filho que perdeu num acidente doméstico quando ele tinha 5 anos. Naquela altura, quando eu assistia àquela cena, já fazia 40 anos. Mesmo menina, eu já havia entendido que luto de filho é uma dor que não passa nunca! Imagina a dificuldade de classificar vivências como estas pensando em quanto tempo a pessoa lida com suas lembranças, saudades, culpa, tristeza e incompreensão? Que possamos usar mais a empatia e a amorosidade do que as estatísticas frias para remar nas águas de uma perda.

Mas não é porque tenho ressalvas com a "patologização do luto" que eu desconsidero a necessidade de apoio psicológico, médico ou mesmo farmacológico durante esta etapa da Travessia. O quanto de apoio uma pessoa enlutada precisa, quando e de que tipo vai depender de cada caso, claro. Porém, ficar atentos a manifestações de que algum apoio é necessário é tarefa de todos nós, tanto dos que sofrem quanto dos que acolhem.

Na minha prática, costumo observar dois tipos de sinal para avaliar se o processo de luto está seguindo seu curso ou se algo pode estar pedindo mais atenção. Divido aqui esses sinais de alerta, que podem dar suporte na busca por apoio adequado, na escolha das rotinas de autocuidado e no zelo com pessoas

GESTÃO DA TRAVESSIA

que consideramos e que podem estar precisando de mais ajuda (são critérios de atenção, não necessariamente de diagnóstico, insisto):

1) **Estagnação** (ausência de movimentos) – a pessoa parece estar paralisada em termos emocionais ou comportamentais (não migra entre as fases do luto, não melhora, não piora, não esquece, afunda, não consegue voltar a fazer planos). Estar em movimento emocional, em altos e baixos, ainda que mínimos, é um bom indicador de que a pessoa está vivendo o processo de luto sim, mas no ritmo dela;

2) **Sintomas muito intensos** (sinais de depressão, falta de vitalidade persistente, ansiedade, compulsões, abuso de substâncias, isolamento social, problemas de sono, ideações suicidas, estagnação em áreas importantes da vida, quando não consegue mais trabalhar ou manter rotinas básicas). Estes sintomas intensos são comuns no processamento do luto, porém, quando a pessoa está se movimentando emocionalmente, eles vêm em ondas e depois se vão, dando lugar a outros. Os sintomas costumam "dançar" entre si nas diferentes fases do luto. O que torna estes sinais preocupantes é quando eles indicam que a pessoa pode estar se colocando em algum tipo de risco (de vida, da integridade de vulneráveis, financeiro, de adicção).

Nestes casos, uma ajuda profissional para uma pessoa em processo de luto pode ser necessária, para além dos apoios emocionais e espirituais desejáveis para o momento. Podemos ilustrá-la como o gesto de garantir as margens firmes e seguras do rio para que as correntes das emoções possam fluir e seguir seu curso, ao seu modo, no seu tempo. Não à toa a psicologia profunda e as antigas tradições de sabedoria associam o elemento água à nossa natureza emocional. Nesta jornada, não queremos represá-las, porque um dia provavelmente essas águas transbordarão. Assim como não queremos deixar esta corrente sem bordas, pois isto transformaria um rio caudaloso em um alagamento (água espalhada e estagnada), deixando, assim, a forma fluida e vigorosa, ou seja, acontece a perda de seu fluxo vital.

Um detalhe interessante sobre como o senso comum pensa que o luto funciona é que muita gente associa o início desse processo a um acontecimento factual. Sim, isto é verdade em muitos casos, como uma demissão sem aviso, uma agressão sofrida numa relação amorosa, uma morte inesperada, o momento em que um sócio potencial dá a ré e abandona o barco do projeto que vocês estavam prestes a começar. Porém, há muitos processos de luto que não começam com um momento específico. Começam devagarinho, gradualmente e vão ganhando força antes mesmo do ponto de virada ou da ruptura propriamente dita. Como quando chega uma notícia de que alguém que você ama foi internado ou está com suspeita de uma doença grave, quando pequenos desconfortos com seus colegas de trabalho começam a ficar intensos, ou quando algo em você sabe que tem coisa desafiadora por vir. Não se trata de sofrer por antecipação. É sobre perceber e validar sinais de que um ciclo está se fechando, que algo está por romper ou que a vida está prestes a te pedir que faça uma escolha que redefinirá o curso das coisas dali em diante. O seu processo de luto pode ter tido seu início lá atrás, antes mesmo do evento decisivo, quando foi preciso começar a lidar internamente com as aflições que envolvem o risco da perda e da abertura para a mudança.

GESTÃO DA TRAVESSIA

Um dos estudos mais importantes no campo do luto foi realizado pela médica psiquiatra suíça Elizabeth Kübler-Ross (1998), que, ao acompanhar e estudar os processos emocionais de pacientes com doenças terminais e de seus familiares, pôde organizar um entendimento mais apurado desses momentos e propor estratégias e métodos de atendimento. Dra. Elizabeth reuniu em "fases" os conjuntos e processos emocionais, as necessidades e os sintomas que são mais comuns em pessoas que estão atravessando o trabalho do luto. Daí a compreensão de que, enquanto estamos processando essa fase, nós alternamos estados emocionais: choque, negação, raiva, barganha, tristeza e aceitação. Eles não acontecem de forma linear. O mais comum é que uma pessoa enlutada orbite por estes estados e, justamente por isso, seja possível elaborar tudo o que está acontecendo consigo. Esta montanha-russa emocional é o que de mais normal pode acontecer nesta etapa da Travessia. Em meu treinamento clínico com Solange Rosset, aprendi que podemos vislumbrar ainda uma outra etapa, que não se aplica aos casos terminais, que é a vontade de recomeçar ou fazer novos planos, que acredito ser mais um indicador poderoso de que o processo de elaboração está seguindo seu curso e está perto de se completar.

Cuidado e delicadeza

Certa vez atendi um rapaz, encaminhado por sua esposa, que havia perdido o pai há quase dois anos e achava estranho não ter conseguido chorar sua perda ainda. Sentia-se meio anestesiado e com uma sensação de que não conseguia seguir em frente em sua vida pessoal nem nas aspirações profissionais. Estava confuso. Era como se tivesse ficado preso num limbo, dizia. Com muito respeito e delicadeza (que é como uma pessoa deve ser cuidada quando está enlutada), em nossas sessões, fomos nos aproximando do papel dele como suporte à mãe e à irmã, do medo que ele sentia de deixá-las desamparadas, da dor que sentia por aquilo que gostaria de ter dito e vivido com o pai e não aconteceu. Fomos, aos poucos, reconhecendo que a rigidez de sua criação o treinou para "ser homem", aquele que não sente, não chora e não tem sensibilidade. E assim, como "homem", ele enfrentou esta perda tão significativa e tão dolorosa. Cuidou de todas as providências, deu segurança à família, assumiu responsabilidades práticas, só não viveu sua própria experiência íntima com este acontecimento. Após alguns encontros, a reorganização destes pontos e a abertura de um espaço seguro para que pudesse escolher por si mesmo como gostaria e conseguiria entrar em contato com a dor da perda do pai, as primeiras lágrimas ganharam espaço e foi possível para ele acessar toda a tristeza, a raiva, o pesar, a indignação e as saudades que estavam "coaguladas" em seu peito. Foram algumas semanas à flor da pele, com lembranças intensas vindo à tona, sonhos marcantes, momentos de choro inesperados, resoluções sobre o que ainda sentia vontade de fazer (como a possibilidade de voltar ao túmulo do pai, que era em outra cidade, para fazer, desta vez, sua própria despedida) e, aos poucos, o rio da vida voltou a fluir dentro dele.

Enlutar é algo que nos põe em contato com altas doses de vulnerabilidade, e isso costuma ser bem incômodo para muitos de nós. Ficamos com a pele fina, com a mente confusa, sentimos emoções intensas e, com frequência, acessamos vivências de solidão e desamparo. Definitivamente não é um período para tentativas de autocontrole e de cobranças excessivas por "estar bem". Não é um tempo favorável para se comprometer com grandes desafios de carreira, novos projetos ou esforços extenuantes. Este é um processo que pode ser marcado por baixa vitalidade, dificuldades para lidar com rotinas simples, alta sensibilidade emocional e para a convivência, emoções em ebulição. Como se pode notar, é um tempo de gastar muita energia no mundo interno, para que seja possível processar, digerir e integrar tudo isso. Acolher-se é aceitar que o caminho é confuso, sim, e vai ficar por um bom tempo, até que se complete. Insistir em ter certezas, previsões e garantias na jornada do luto só vai aumentar o seu nível de sofrimento. Você não está no seu "normal" e, por isso, está tudo bem. Vai passar. Deixe a razão descansar.

O humano só é humano porque é aquele que "sabe que sabe" (*sapiens sapiens*). Que é capaz de refletir, se angustiar e ser tocado pelo preço de ter consciência do quão incontrolável, encantador e implacável é estar vivo. Não é de hoje que o exercício de ritualizar e refletir sobre o fim da vida é parte de nosso processo cultural e civilizatório. E não é à toa que fazer ritos e rituais, sejam ligados a doutrinas religiosas ou não, é algo que costuma estar presente na forma como as pessoas processam suas perdas. Entregar as coisas do ex-namorado que ficaram na sua casa, escrever uma carta ou e-mail pondo um ponto final numa amizade que perdeu o sentido de seguir na sua vida, aquele textão na mensagem para uma colega de trabalho que está de mudança para outra cidade, são exemplos mais corriqueiros desta nossa necessidade de marcar uma transição. No caso de perdas relativas à morte, temos a retirada das roupas e objetos da pessoa, a escolha de com quem ficarão, a criação de memoriais e homenagens, entre tantas outras despedidas possíveis. Estes gestos acabam simbolizando os passos no caminho da transição entre uma margem e outra do luto. São movimentos concretos, mas também psíquicos, que podem servir de catalisadores na elaboração dos sentimentos intensos vividos ali. Geram algum alívio, trazem beleza, acionam um olhar mais amplo para o que aconteceu, permitem seguir adiante.

Mas o que restará ao final?

Saudades, lembranças boas e ruins, nostalgia e gatilhos de memória afetiva são a prova de que o término do trabalho com o luto não significa o apagamento do vivido. Um luto "elaborado e resolvido" não termina no esquecimento do que se foi. Isto é um engano. É perfeitamente compreensível que, depois de toda elaboração e processamento, olhar uma foto de quem se foi, passar em frente a um lugar onde algo importante aconteceu, sentir o perfume de alguém com quem você viveu por anos ou mesmo assistir a um vídeo de um antigo professor possa disparar, de novo, aqueles sentimentos e emoções. *Somos corpos de memória. Memórias carimbadas na alma com o carimbo da emoção.*

O psicanalista italiano Massimo Recalcati (2018) diz que percorrer a jornada do luto é "transformar cicatriz em poesia". Perder uma conexão que um dia esteve ali, forte, abre uma ferida contundente na alma. Ela sangra, corta, desespera. Se for tratada com delicadeza e bálsamo, vai aos poucos estancando. Vai parando de purgar. Se cuidado e constância estiverem presentes, sem aperto ou pressa alguma, uma casquinha pode ir se formando através da passagem dos dias. Pode haver febre de quando em quando. Mas é possível notar o corpo e a alma integrando o impacto vivido em seus arquivos interiores, acomodando a ruptura. Quando completado o processo, restará uma cicatriz onde um dia a ferida gritou. Uma cicatriz é um lugar no corpo com uma textura diferente, uma sensibilidade

GESTÃO DA TRAVESSIA

bem particular, e que é a marca indelével de que por ali passou um trecho importante de vida, que deixou sua marca.

Quando vai acabar o processo de luto? Só termina quando acaba. E quando acabar você vai saber, eu garanto. Um belo dia surgirá um desejo forte de seguir, de expandir, de sentir-se vivo. E assim, marcados, nos reconstruímos, transformados que fomos pela vivência do caminho e os aprendizados gerados pela experiência da desconexão que, de repente, se reconectou.

Barco na água

É hora de mudar
Deixar a casca apertada para trás
Suportar a espera de uma mais expandida
Para caber mais vida dentro
Aprender implica em correr riscos
Morrer para o velho e nascer para o novo
Por escolha ou por pura falta dela
A vida pulsante quer amadurecer
Por dentro e por fora da pele
Apesar de todo medo que dá
Resisto a tudo isso, porque estou viva
Apesar do medo de desintegrar
Medo de sentir dor
De não sobreviver à desolação
De colapsar no meio do caminho
Medo de ser punida
E perder o amor de quem me cerca
Por aqueles que acostumaram comigo assim
E se o que vem depois for pior?
É dos viventes esta coisa de conservar
E de transgredir também
É deles também o prazer de se entregar

GESTÃO DA TRAVESSIA

Navego confiante porque me habito
Disso não abro mão
Toda vez que caio pra fora de mim
Me busco no exílio e me trago de volta pra casa
Cada transformação é mais uma chance
De viver de um jeito mais parecido comigo
Onde a essência e a forma convergem
Renascer em vida, que grande milagre!
A vida em mim cria e recria a si mesma,
Infinitamente
Digo sim ao convite e saio em viagem
Certa de que, se estiver bem desperta,
Serei eu própria, ampliada, a me esperar na outra margem.

6. O MEIO DA TRAVESSIA: O FUNDO DO POÇO E O FUNDO DA ALMA

Do longo sono secreto
na entranha escura da terra
o carbono acorda diamante.
Helena Kolody

Enfim chegamos ao casulo da borboleta, onde, de dentro, o ser, que um dia foi lagarta, não se reconhece mais. Deixou para trás a voracidade, quando se alimentava de tudo o que via pela frente. Algo aconteceu que pediu recolhimento, quietude do lado de dentro. Assim como acontece no inverno, quando as plantas estão secas e sem folhas na superfície gelada e aparentemente sem vida, lá nas profundezas da terra, as raízes estão em festa. Elas buscam nutrição intensamente, se aprofundam, ganham resistência e amplitude para que toda esta vitalidade possa retornar numa explosão de cores, aromas e brotos na primavera. A eclosão da primavera depende de um inverno bem-sucedido debaixo da superfície da terra. Para renascer em plenitude e potência no final de uma Travessia, é preciso, antes, ter feito uma descida bem caprichada às profundezas de si.

Numa sociedade que se reconhece pelo fazer, pelo performar, por estar em atividade o tempo todo, suportar intervalos pode ser um baita desafio. Não é por nada que costumamos chamar estes momentos de "crise". Caracterizada por ser a parte do caminho da mudança onde o que existia já se foi e o que precisa ser criado ainda não existe, o meio da Travessia é certamente um lugar de provações, mas também de certa magia.

A palavra "crise" tem uma de suas raízes em "crisol", o recipiente usado por ferreiros para derreter metais e dar-lhes outras formas. Este período da mudança em que há muitas coisas acontecendo abaixo da superfície visível e, ao mesmo tempo, uma aparente "falta de atividade", lentidão ou monotonia acima da superfície, ou no mundo visível. É uma fase em que esperar é um exercício árduo e as ondas emocionais que vêm e vão são companheiras de viagem. Curiosamente, este é também um momento altamente criativo, já que o caos é de onde a vida nasce e ele mesmo é uma das características deste espaço-entre-mundos.

Atravessar o hiato que existe entre o velho e o novo é uma espécie de período gestacional. Um momento em que a gente se aquieta dentro de si e espera a natureza fazer seu trabalho, além de seguir cuidando da manutenção das coisas do dia a dia, como pagar boletos e levar as crianças para a escola, já que o mundo não para para que a gente possa trocar de pele. Tudo vai acontecendo meio junto, só que em diferentes camadas de realidade. Este ponto onde o sol se pôs e ainda não nasceu no novo dia é uma mistura de aguardar passiva e amorosamente a vida fazer seu trabalho, mas também de assumir a responsabilidade por preparar o ninho para o novo ciclo que se anuncia para logo mais. O nível de incerteza aqui é tão alto, que a impressão que se tem é de estar caminhando na neblina, quando a gente imagina o que encontrará quando chegar no ponto desejado, apesar de, aqui e agora, só enxergar um metro adiante. É necessário caminhar devagar, mas com firmeza. E confiar que está indo na direção certa, suportando carregar a dúvida até o fim e seguindo em frente, apesar dela.

Voltando a Otto Sharmer (2010), foi ele que, em sua extensa pesquisa sobre mudanças, gerou a imagem de uma travessia em forma de U e descobriu que no meio, no "fundo do U", reside um ponto chave no caminho de uma transformação que se pretende realmente inovadora e significativa (pois já sabemos que nem toda agitação gera uma mudança transformadora). Um lugar que, quando tocado profundamente, pode ser altamente generativo, palavra que vem de "Gênesis", ou seja, um lugar gerador de vida nova. Acontece que, nesta descida, que ora pode ser sentida como um encontro sagrado com a nossa essência, ora pode ganhar o nome de "visita ao fundo do poço", somos defrontados com a ausência de controle, com escolhas de alto risco, com o peso do julgamento e com o medo de errar e pôr tudo a perder. Remamos na companhia constante do medo, que se mistura com a esperança, e ambos são tracionados por uma vontade enorme de evoluir, de passar de fase, de dignificar a existência, de se realizar em diversos campos.

Quem já viveu na pele as turbulências deste momento entre-formas, sabe que este é o lugar perfeito para conhecer mais de perto o real significado da palavra angústia.

"O que você está sentindo? Não sei, uma sensação confusa, parece um certo medo, mas não é bem isso. Quando aumenta, gera uma grande aflição, uma vontade de sair correndo para não sei onde. Quando acalma um pouco, dá alívio, mas, ao mesmo tempo, parece que nunca desaparece por completo".

Não seria sensato dizer que a angústia mora apenas no meio da Travessia. Em vários momentos de uma mudança pode-se experimentá-la, até nos momentos de estabilidade e solidez. Ela é um tipo de mal-estar interior sem muita representação, um sentimento de vazio, que é parte constitutiva da vida humana, portanto presente em maior ou menor nível enquanto andamos, respiramos, atendemos uma reunião ou passeamos com o cachorro em frente ao prédio. Contudo, nesta etapa da mudança, há uma grande chance de você conhecê-la bem mais de perto.

Uma porta de acesso à interioridade profunda

É assim que a angústia é conhecida na filosofia e na psicanálise. Um caminho estreito e escuro para dentro de si que, se for devidamente sentido e investigado, provavelmente entregará informações importantes sobre quem uma pessoa realmente é, como ela funciona e em que direção vai o seu desejo. Não é difícil de entender por que desenvolvemos tantos mecanismos de amortecimento e anestesiamento. Não é simples lidar honestamente com aquilo que surge diante de nós quando nos olhamos de verdade, quebrar as idealizações sobre quem eu acho que sou, como as pessoas me veem e o que realmente pulsa no silêncio mais profundo do meu Ser. A angústia é uma grande professora. Quem é praticante do campo do autoconhecimento já deve ter percebido que escutar ativamente aquilo que habita a alma é um aprendizado que pode levar a uma existência mais autêntica, ou seja, a viver de um jeito vez mais parecido com quem se é em essência, sendo mais fiel à sua própria natureza do que às regras e imposições do mundo. Fácil de concordar, trabalhoso de se praticar. Não é à toa que

GESTÃO DA TRAVESSIA

as pessoas fogem da angústia e também se esquivam de tocar o âmago de um processo de mudança. Insistir em evitar estes encontros é um bom jeito de sustentar a vida normótica (amortecida, alienada e anestesiada de si) e estabelecer residência fixa na "zumbilândia". Entrar na toca do coelho, meus caros mutantes, pede coragem e disponibilidade para se entregar!

Visitar o fundo do poço não é nada parecido com tirar uns dias na beira da praia tomando água de coco. Conheci este lugar mágico e sombrio ainda na adolescência, em momentos de depressão e de transformações profundas, e já o visitei tantas vezes que estou querendo reivindicar minha carteirinha de sócia. Com o passar do tempo, pude perceber que descer e sair deste lugar solitário de escuridão e pressão, de onde o carbono acorda diamante, era para mim um treino poderoso de resiliência e amadurecimento. É claro que não busco ir para lá. Tampouco escolho isso deliberadamente. Mas a natureza cíclica e surpreendente da vida me arremessa para lá quando me põe em Travessia. A cada experiência, fui deixando de me assustar com a descida. Fui conseguindo parar de gritar e passei a silenciar acalmando o desespero, o que me permitiu escutar as vozes dos "monstrinhos" que moram lá embaixo (Figueiredo, 1995). Eles trazem vozes da minha infância, vozes dos meus complexos, vozes dos traumas vividos, da culpa e do ressentimento, vozes dos meus sonhos antigos e dos meus desejos reprimidos. Aprendi a conversar com elas, ouvir seus anseios, curar suas feridas e acolher sua existência como partes de mim. Integrá-las por meio da aceitação, dando-lhes um lugar fresco e exposto à luz. Aprendi a confiar na força das minhas pernas para me tirarem do fundo, pois por muito tempo duvidei de que seria capaz de sustentar a mim mesma na saída de um buraco. Aprendi também a pedir apoio de guias experientes, munidos de suas experiências nas descidas,

das lanternas do conhecimento e de cordas feitas de compaixão para me acompanharem nestes processos. Cada vez que volto de uma excursão ao fundo do poço, volto mais integrada, mais alinhada a quem sou em essência, com muito mais confiança na minha força para enfrentar o que vier e com muito menos medo de cair lá de novo. E é curioso que, quando volto de lá, há sempre alguém que nem sabe o que me ocorreu que comenta: "nossa, como você está radiante, bonita, rejuvenesceu". E eu respondo com um sorrisinho maroto: "é o enxofre, meu bem, faz muito bem para a pele". Lembram do mito da Perséfone que rege as profundezas e é invejada pelas Deusas por sua beleza? A rainha dos Ínferos tinha um unguento de beleza que era cobiçado, entre outras, pela própria Afrodite que simbolizava a própria beleza. Dizem que era feito de enxofre. A Deusa pediu que Psique roubasse um pouco desta poderosa poção de beleza de Perséfone para ela. Psique, que estava apaixonada por Eros, aceitou este, entre outros desafios impostos por Afrodite, para que a mortal pudesse se tornar uma deusa (Johnson, 1987).

"A noite escura da alma"

Esta famosa expressão, que é também título do poema escrito pelo místico da Igreja São João da Cruz (no século XVI), é mais uma forma de olhar através das águas turvas da transformação e da expansão da consciência, que pode surgir a partir do encontro com "a passagem". Ele descreve, de uma forma lírica, o encontro da alma com o espírito. O encontro do "Eu menor" com o "Eu maior". Da gota com o Oceano. Uma experiência profundamente transformadora, que, quando chega no seu ápice, nos coloca em contato com a falta absoluta de controle, com um forte sentimento de desolação e solidão, o que ativa em muitas pessoas a necessidade e o ímpeto de buscar refúgio naquilo que é "maior do que eu". Uns passam a rezar mais, outros voltam a frequentar seus templos, rituais diários voltam para a rotina, muitos aprendem a meditar ou se percebem com uma vontade maior de contemplação. Quem já passou por mudanças profundas e disruptivas, sabe que esta é uma chance ímpar de se conectar, a partir de um novo lugar, com o Sagrado. No fundo do poço o acesso à consciência expandida pode acontecer em banda larga e em alta definição.

Este momento no qual a forma antiga se dissolveu e ainda não se tem nada no lugar foi chamado por Stanley Keleman (1994) de *middle grounding* ou "lugar da não-forma", onde ficamos imersos em mistério, num paradoxo movimento que compreende, ao mesmo tempo, aquietar-se e reorganizar-se. Um lugar de identidades derretidas, chuvas de *insights*, e aquele medão que a gente sente de se desintegrar por completo. De não dar conta mesmo. Porém, aquele ou aquela que toca este lugar e fica, sustenta permanecer ali, com mente aberta, coração aberto e vontade aberta, corre o risco de tocar também a fonte da vida, já que o potencial criativo disponível nesta aparente bagunça dá acesso a todo tipo de possibilidade futura. Dificilmente novas formas emergem da terra firme das certezas seguras. Elas nascem do não-saber. Elas pedem uma certa dose de caos.

Por exemplo, quem contempla uma obra exposta numa galeria está diante de um resultado, ou seja, de um processo criativo já em estado de completude. Mas só quem pintou o quadro contém em si a grandeza de sua realização, que reúne o brotar de ideias empolgantes, estudos que ficaram pelo meio do caminho, bloqueios criativos frequentes, aquela insistente vontade de desistir e muitos momentos de êxtase em fluxo. Tudo isso levou aquela tela em branco a se transformar numa obra artística. E, neste processo de "gestar" uma expressão de si e de sua forma de ver o mundo, o artista dá pequenos passos, entrega-se para os sentires, segue algumas pistas, experimenta, deixa secar, se frustra, refaz, arrisca, e assim permite que a obra flua através dele na direção da tela. Encantada, vejo Clarice Lispector (2019) dizer de seus livros: *"não gosto do que acabo de escrever – mas sou obrigada a aceitar o trecho todo porque ele me aconteceu. E respeito muito o que eu me aconteço. Minha essência é inconsciente de si própria e é por isso que cegamente me obedeço".* Assim é, também, atravessar para a outra margem. É preciso saber fazer amor com o caos.

Quando decidi parar de trabalhar aos 30 anos e mergulhar em um período sabático, exausta que estava de um dia a dia intenso e corrido, imaginei que um ano longe do aeroporto e da agenda cheia seriam suficientes para que eu pudesse me refazer daquele cansaço todo e ter mais clareza do que queria fazer num novo ciclo de carreira. Pude aprender na prática que o tempo que minha mente desenhou para que eu estivesse "pronta" nada tinha a ver com o tempo do meu corpo e da minha alma. Mais de três anos se passaram (boa parte deles deitada no divã do analista) para que eu pudesse começar a sentir um rastro de terra firme debaixo dos meus pés de novo. Foram tempos de descanso, sim, de me desfazer lentamente da profissional que fui até ali, deixar que derretessem antigas crenças e formas de atuar, muitos períodos de angústia profunda e confusão mental que se intercalaram com momentos em que a visão daquilo que estava pedindo para ser criado em meu fazer profissional se apresentava em flashes de ideias, de sonhos, de vontades. Tudo muito caótico, incerto, instável, emergente, contraditório. A pergunta que mais me fiz foi a mesma que as pessoas que acompanhei em Travessias, pessoais e profissionais, me faziam incessantemente: "me diga, por favor, quando isso tudo vai acabar?".

Anfitriar a si mesmo é uma forma de cuidado.

Quando a temperatura emocional sobe ou as coisas do novo ciclo demoram muito mais tempo do que gostaríamos para acontecer, a impulsividade pode se apresentar como uma alternativa para ganhar alívio e tentar acabar de uma vez com todo mal-estar. E seguimos ansiosos esperando que alguma coisa aconteça dentro do esperado, e aprendendo, a cada remada, que, sim, está tudo sob controle, só não está no nosso controle! Sair tentando forçar a barra para as coisas acontecerem por meio de ações impulsivas e desconectadas do que precisamos no momento é uma tentação difícil de resistir. Quem nunca? Há aquela vontade louca de desistir e dar uma ré para tentar voltar para o antigo emprego, para o ex-namorado, para o velho hábito que tanto incomodava. Há também aquela gana de tentar encontrar um atalho que ajude a acelerar a chegada do novo. Na minha vivência como psicoterapeuta, a maior quantidade de desastres na Gestão de Travessias que assisti aconteceram por este tipo de rompante. Acredite: é possível aumentar e muito o nível de estresse e sofrimento de uma mudança quando tomamos decisões importantes movidos pelo desespero, pela ansiedade ou por estarmos exaustos da jornada. E a gente não precisa piorar as coisas, pois elas já estão naturalmente complicadas neste momento. Muitas vezes precisamos acolher esta criança assustada que surge aí dentro quando nos sentimos inseguros demais. Lidar com a vítima interior que pergunta "por que comigo?" e olha ao redor, sedenta por encontrar um salvador que "resolva tudo isso de uma vez, por mim". Resistir ao herói imaturo que acha que precisa sofrer sozinho sem contar pra ninguém, nem pedir ajuda. Assumir com humildade e bancar aquilo de que dá conta, mas também saber pedir uma mão amiga e um colo quando as forças lhe faltarem. Daí o convite para anfitriar-se com serenidade e cuidado, pois este não é um momento ordinário. Não é corriqueiro. Que possamos ser responsáveis com a nossa própria vulnerabilidade, escolhendo com amorosidade em que momentos é possível seguir remando, em que momentos é necessário diminuir o ritmo e em que momentos a única coisa a fazer é parar o barco e descansar, sob a companhia do céu estrelado.

É nesta toada, abrindo caminho ao novo ciclo de dentro para fora, que atendemos ao convite para que exercitemos o discernimento entre o que está pedindo aceitação e o que está pedindo compromisso, o que pede para vicejar e o que precisa virar adubo para nutrir a vida em novas formas. Como um catador de materiais recicláveis quando encontra o caos da mistura, tão cheio de potenciais, e realiza o minucioso trabalho de separar aquilo que é lixo do que é tesouro de verdade.

"Quem for capaz de prestar atenção e aprender consigo mesmo, poderá participar de sua própria reestruturação, a partir de dentro" Stanley Keleman.

Tá chegando?

O que está pedindo para ser criado em sua vida neste momento?
O que pede para nascer?
Não fuja. Fique mais um pouquinho. Só mais um pouco.
Respire, volte pro corpo.
Resista à tentação de sair fazendo. Fique na experiência.
Peça colo. Receba um afago.
Deixe emergir as pistas da nova forma.
Espere até elas ganharem nitidez, para então começar pequenos movimentos.
Resista ao "canto das Sereias".
Deguste, experimente, reorganize e se aproprie do seu caminho com dignidade.
Descarte o que não faz sua própria alma cantar.
Este fluxo te levará a novos jeitos de organizar a forma de ser, de estar e de interagir.
Por um tempo, estes comportamentos serão desajeitados, instáveis e sujeitos a recaídas.
Insista um pouco mais.
Qualifique seu desejo. Você tem fome de quê?
Deslize para dentro da experiência estranha e desconhecida.

Seja gentil com seus tropeços.
Quando isso tudo se integrar na sua carne, sentimento e pensamento, a estabilidade chegará.
Então, a aprendizagem estará concluída.
E você já não será mais a mesma.
Estará lavando a louça da pia de um jeito novo, só seu.
O espelho revelará uma nova harmonia.
Bochechas coradas e olhos brilhantes.
Seu corpo se densifica e aterra.
Trazendo firmeza nas costas e vontade de verticalizar.
Desfruta! É tempo de celebrar a terra molinha da outra margem.

7. A OUTRA MARGEM E A RECRIAÇÃO DE SI

O que se descobriu no middle ground foi algo a respeito de como queremos viver nossa vida, que necessidades queremos satisfazer, como gostaríamos de estar no mundo. É uma experiência emocional de alta carga, na qual desvelamos certas verdades a nosso respeito. E, na etapa formativa, podemos estabelecer um compromisso com essas verdades. Essa formação não é performática, não é imitação, não é imaginar como fazer o que os outros querem que façamos, É transformar o insight e a visão em ação muscular, forma corporal e forma social.

Stanley Keleman (1994, pág.69).

A natureza não dá saltos. A gente desliza entre o velho e o novo. É um processo gradativo, que vai muito além de adotar um novo corte de cabelo, mudar os móveis de lugar ou escrever um novo mini currículo que tenha "a cara" da sua nova fase.

Pondo o pé na outra margem, você percebe que a pele ainda está fina e a tão sonhada estabilidade do novo está chegando, sim, mas em doses homeopáticas. É como um processo de reabilitação, onde os pequenos passos que conseguimos dar são acompanhados de esforço, um pouco ainda de dor e curiosidade pelo que está se apresentando diante de nós. Sábios são aqueles que celebram as pequenas vitórias deste momento e conseguem manter a calma na experimentação dos novos jeitos de usar a si próprios, numa nova forma para se movimentar na vida.

O processo da Travessia costuma exigir muita energia física e psíquica para ser vivido, elaborado e integrado. O esforço adaptativo que o organismo faz para lidar com o estresse próprio da transformação gera um tipo de ressaca. Precisamos lidar com as aprendizagens que a jornada traz, com a intensidade emocional, com a elaboração das perdas, com a insegurança constante e com toda tração necessária para que possamos materializar o novo ciclo. Nos processos de mudança que vivi, lembro-me perfeitamente de me sentir exausta de tanto remar, enquanto o novo estava só começando a pedir passagem. Havia dias que me via tendo que escolher entre descansar de tudo que havia vivido ou fazer força para desbravar a margem do novo ciclo. Sentia um chamado muito forte para cuidar de me regenerar de todo aquele turbilhão. Por essas e por outras, insisto na importância das práticas de autocuidado para quem está vivendo um processo de mudança. É verdade que este cansaço da Travessia pode não ser tão perceptível para quem passa por mudanças lentas e graduais. Ele costuma ficar mais evidente quando a gente vive perdas impactantes, lutos intensos e reviravoltas barulhentas. A vontade de seguir adiante e botar tudo nos trilhos de novo gera tanta empolgação que pode acabar nos distraindo deste pulsar transitório, do balanço do barco entre o encantamento com o Sol que volta a brilhar e a pele recém-renascida que ainda está fina e pedindo para ser tocada por mãos delicadas, cheias de respeito e compaixão.

GESTÃO DA TRAVESSIA

O pensamento de Keleman (1994) sobre mudar divide o processo em três etapas: *ending* (desconstrução da forma antiga), *middle grounding* (meio, etapa sem forma) e *forming* (etapa de construir a forma nova ou Etapa Formativa). Este momento da Travessia que estou aqui nomeando como "A outra margem" corresponde à Etapa Formativa (*forming*), que é onde nos movimentamos (literalmente) para materializar, experimentar e consolidar novos jeitos, novos "comos". Aqui que começa a fazer sentido aquela frase de Heráclito de Éfeso de que "ninguém pode entrar no mesmo rio duas vezes", porque você não é mais o mesmo e o rio não é mais o mesmo. Reconhecer-se transformado pela jornada: este é o tesouro da Travessia! Um belo motivo para celebrar.

Num paralelo com a *Teoria U* de Otto Sharmer (2010), esta etapa do caminho é representada pela subida do lado direito do "U", onde já se passou pela fase do "deixar ir", depois pelo contato com a fonte no *presencing* (presença sensível), e agora pode-se entrar no modo "deixar vir", um momento de cristalização da visão de futuro que vem emergindo. Deixar vir não tem a ver com ficar sentado esperando o futuro chegar, mas, sim, assumindo uma postura de abertura atenta e disponível para dançar com o fluxo dos acontecimentos. Se você já viveu mudanças importantes, deve ter percebido que, nesta fase em que "as coisas estão se abrindo", a gente começa a ser mais afetado por "coincidências", surpresas e se sente convidado a se lançar ao novo.

Alguém aí, manda um sinal!

Vivi momentos de fundo do poço onde eu clamava aos deuses por uma só coincidência que me abrisse alguma porta. Um telefonema. Um convite. Só uminha. E nada. Já quando entrava na fase de tocar a outra margem, ou seja, estava pronta para cristalizar o novo ciclo, parecia que a máquina de caça-níqueis da vida começava a apitar e cuspir moedinhas na minha direção. Se era uma Travessia de amor, pessoas novas começavam a me paquerar e mandar recadinhos nos lugares mais aleatórios, e novos encontros se faziam possíveis. Quando a Travessia era de grana, surgiam convites para projetos cujo retorno financeiro, se não fechava as contas, ao menos gerava uma boa folguinha. Em diversos momentos de maré baixa profissional, o telefone voltava a tocar e gente nova chegava ao consultório, convites para palestras aumentavam, novos projetos surgiam no horizonte. Quem vive como autônoma sabe que passamos por isso muitas e muitas vezes ao longo da carreira. Carl Jung (2007) chamou este fenômeno de "sincronicidades", que são coincidências significativas geradas de maneira não causal. Momentos onde o que acontece dentro da gente parece se conectar com o que acontece fora da nossa pele. Sabe essas "mágicas" da vida? Elas não são causalidades simples do tipo "uma coisa puxa a outra". São aqueles momentos em que o que surge diante de nós é surpreendente e parece fazer profundo sentido com nosso momento e com nossos anseios.

E como saber se estes convites ao novo que pipocam diante de nós são pistas do próximo passo ou armadilhas que nos distraem do caminho desejado?

Não é fácil responder isso, pois é algo que pede uma investigação sensível e muito pessoal. Mas tenho meus métodos! Podemos chamar isso de "consultar as bússolas". Voltemos ao nobre ensinamento budista do Sutra do Coração: "atravesse, atravesse, da margem da ilusão para a margem da lucidez". O exercício de separar realidade de ilusão. Diferenciar o que é a miragem de um oásis no deserto e o que é uma fonte real de água fresca quando estamos sedentos e exaustos. Resistir ao impulso de se jogar quando a primeira porta se abre é uma forma de cultivar discernimento nesta fase. Aproximar-se da possibilidade aos poucos, investigando prós e contras com calma, buscando dados de realidade ao conferir informações, checar os detalhes importantes, investir em uma sequência de conversas (sim, mais de uma!) para aprofundar o conhecimento sobre o caminho são boas estratégias para colocar os pés no chão firme e convidar a razão para fazer parte do processo. Mas só ela não dá conta. É preciso também consultar o corpo.

Onde está seu coração? Onde está sua mente? A resposta é uma só: no corpo!

Aumentando a escuta dos sinais que o corpo dá, além de incrementar nosso processo de autoconhecimento, aumentamos a possibilidade de entrar em contato com os instintos e as emoções. É um frio na barriga, um aperto no peito, um calorzinho gostoso que sobe pela espinha, um relaxamento profundo ou até um pescoço travado. Ao deparar-se com uma porta que se abre, perceba o que acontece com seu corpo. Nomeie as sensações que surgem. Elas são grandes pistas sobre como o seu Ser está recebendo esta boa nova. Com muita frequência, viver do pescoço para cima e olhar demais para fora nos impede de qualificar a nossa experiência concreta com aquilo que nos acontece. Contemplando a forma como o mundo nos afeta, aprenderemos a reconhecer o que cabe e o que não cabe para nós, em nossa singularidade. Saiba que aquilo que pode ser um convite maravilhoso para alguém pode, sim, ser um sacrifício para você. O que é tesouro para alguns é lixo para outros. Não tem oportunidade boa ou ruim. Tem o que serve para você, neste momento. É deste reconhecimento também que surge maior clareza a respeito de nossas reais necessidades (físicas, emocionais, sociais, espirituais). Quando conhecemos nossas necessidades de forma mais honesta e palpável, nos tornamos mais capazes de selecionar que tipo de experiência, relacionamento, atividade profissional, rotina, alimento ou conhecimento realmente nos energiza. É disso que se trata "ouvir o coração". Exercitar a fidelidade ao que nutre de verdade quem somos, em todas as nossas camadas.

O escritor Carlos Castañeda (1968) sintetizou em um poema este verdadeiro jogo de sabedoria que é aproximar-se do nascimento de uma etapa em sua vida, uma oportunidade ou um novo convite no qual podemos escolher seguir, ou não, com consciência e fidelidade à nossa própria pulsação:

"Um caminho é só um caminho, e não há desrespeito a si ou aos outros em abandoná-lo, se é isto que o coração nos diz...
Examine cada caminho com muito cuidado e deliberação.
Tente-o muitas vezes, tanto quanto julgar necessário.
Só então pergunte a você mesmo, sozinho, uma coisa...
Este caminho tem coração?
Se tem, o caminho é bom,
se não tem, ele não lhe serve.
Um caminho é só um caminho."

Farejando o novo caminho

Nesta aventura de "farejar" o caminho entre tantos caminhos possíveis na margem, o medo do naufrágio acompanha o barqueiro, constantemente. E se não for isso? E se eu largar meu emprego para empreender uma carreira solo e não der

GESTÃO DA TRAVESSIA

certo? E se eu me arrepender de ir morar junto com esta pessoa? Será que estou preparada para dar este passo? Há alguns anos, aprendi a operar nesta etapa utilizando, entre tantas estratégias já descritas por aqui, uma ideia que considero muito potente para instrumentalizar a cristalização de aprendizagens e mudanças. É um conceito que vem da área de inovação, que se chama "prototipagem". É um ensaio, é "brincar" de materializar um plano antes mesmo de colocá-lo pra rodar. É uma bela estratégia para gerenciar os riscos de botar no mundo um novo produto, ideia ou plano em curso pra valer. O protótipo "rápido, sujo e barato", como dizem os designers, é uma oportunidade de errar em ambiente protegido bem antes de dar a cara para bater em praça pública. Nesta fase de testes, materializamos o que está na cabeça e podemos degustar como é operar a ideia nos contornos da realidade.

Tive uma cliente que estava em transição de carreira e que tinha, entre seus sonhos, montar um café. Ela vinha da área da engenharia pesada e queria construir uma rotina mais em contato com as pessoas, em um ambiente bonito, e amava visitar cafés charmosos pela cidade. No espírito da prototipagem, sugeri que ela se voluntariasse para trabalhar em um café que ela gostasse por um mês para sentir a experiência de viver os dias do outro lado do balcão. Ela pôde reconhecer com mais clareza, com esta experiência, como ela se sentia e como lidava com os desafios daquele tipo de negócio. Além dela ter percebido, passado um tempo, que talvez não fosse assim que queria viver sua rotina profissional em uma nova fase, um belo dia ela comentou com uma cliente do café que era engenheira de obras de infraestrutura, sem saber que aquela senhora era dona de um pequeno escritório deste mesmo ramo. Não demorou para que ela recebesse uma oferta de emprego para trabalhar no escritório daquela cliente. Ela sentiu que seria uma boa oportunidade, profissional e financeiramente, e aceitou a proposta. A sincronicidade entrou em ação e aquela Travessia de carreira se completou assim, numa significativa coincidência.

Trocando a palavra "acertar" pela ideia de "experimentar com baixo risco", podemos apoiar a nós mesmos nesta transição entre o velho e o novo com mais dignidade e mantendo o medo num nível não paralisante. É assustador olhar para frente e ver o topo de uma enorme escadaria. É fácil travar aí. É encorajador olhar para frente e focar apenas nos primeiros degraus. Parece mais possível seguir. Dando um passo de cada vez, mesmo que com medo, vamos ganhando confiança no tamanho de nossas pernas e descobrindo o nosso jeito de subir a escada. Isso é empoderador. Você não precisa ficar estagnado na velha gangorra entre o super-herói e o pobre verme. Eu posso tudo ou não posso nada. Você pode colocar sua energia potencial em movimento, fazendo pequenas experimentações lúcidas, o que eu chamo carinhosamente de "mínimos movimentos significativos", prototipando suas ideias, percebendo como elas se comportam na realidade, refinando o plano através das lições aprendidas com o teste e ganhando clareza para, enfim, dar grandes passos mais seguros. Ou abandonar de vez aquele plano com a certeza de que aquilo não é para você ou não cabe no seu momento atual.

À medida que novas vontades, desejos e planos vão ganhando forma e você já se sente mais "em casa" no seu novo ciclo de vida, as inseguranças e incertezas vão baixando (porque sumir de vez elas nunca vão). Há mais firmeza na pisada, uma inteireza refletida no seu tom de voz, uma calma maior para tomar decisões, fazer escolhas e administrar as pelejas do dia a dia. Um patrimônio íntimo conquistado justamente pelo ato de ter morrido para o velho, ter atravessado bravamente a escuridão e ter renascido nesta nova configuração, que agora

GESTÃO DA TRAVESSIA

se firma e se reafirma. É tempo de consolidar as aprendizagens feitas, assentar-se nas formas, respirar na nova identidade que já está mais nítida e visível e usufruir da colheita merecida.

Neste ponto, quero te convidar a prestar atenção, ainda, a três pontos importantes: (1) lidar bem com as recaídas, (2) cuidar com a culpa por estar bem e (3) vigiar o vício de mudar o tempo todo.

A minha formadora clínica, a psicóloga Solange Rosset (2013), com quem aprendi sobre terapia de mudanças por quase 7 anos, observou, em seus 40 anos de prática, que um dos grandes desafios das pessoas que empreendem mudanças é lidar com as recaídas de velhos padrões. Ela ensina que não há mudança duradoura que não venha acompanhada delas, e que, por mais assustadoras que pareçam, elas são necessárias para consolidar a aprendizagem vivida. Até que possamos firmar um novo jeito de funcionar, vamos passar por alguns momentos de *revival*. É natural do processo e a gente pode se beneficiar muito delas, pois nos permitem checar o quanto realmente aprendemos, conhecer os gatilhos que nos mantém presos aos velhos padrões, além de serem uma bela oportunidade de treinarmos "tomar consciência da ré que demos, vislumbrar o caminho de volta à nova forma e voltar". Acolher e tratar as recaídas é uma ferramenta preciosa para ganharmos competência na gestão de mudanças!

Outro fenômeno que me intriga na etapa da nova forma é o surgimento de uma sensação de que alguma coisa ruim está para acontecer, porque está tudo bem. Perdi as contas de quantas vezes acompanhei pessoas que fizeram longas Travessias e que, quando finalmente estavam em estabilidade e mais realizadas consigo mesmas, se pegavam desesperadas com medo de que um enorme buraco pudesse se abrir a qualquer momento debaixo de seus pés e tragar toda esta "estranha alegria" para as profundezas escuras da Terra. Está tudo tão gostoso, tão claro, tão prazeroso, que fico até com medo! Por que será que sentimos tanta culpa por estarmos bem? Parece que, se você não estiver sofrendo e reclamando de alguma coisa, algo está fora da ordem. A calmaria e o gozo nos assustam demais. Talvez por traços religiosos em nossa cultura, carregamos a sina de viver entre sangue e lágrimas e consideramos que a leveza e plenitude só nos serão permitidas quando chegarmos ao Céu. Talvez por termos crescido numa referência cultural na qual descansar, gozar, saborear, gargalhar, ser feliz e relaxar não é coisa de gente séria e trabalhadeira. De gente bem-sucedida e responsável que está sempre na correria, no sacrifício, produzindo à milhão, matando um leão por dia. Não vou aqui entrar nas importantes discussões sobre micropolítica, capitalismo e privilégios que têm tudo a ver com estes fenômenos, pois quero me ater a nomear a necessidade de observarmos esta dimensão inconsciente de referenciais, crenças e modos de olhar para nós mesmos e para o mundo que insistem em nos prender à uma enorme culpa quando não estamos chafurdando na lama e na exaustão dia sim, dia também. Fiquemos com os olhos abertos para isso. Você cresceu e se ampliou na Travessia que viveu.

Vamos aprender a sustentar a expansão das nossas bordas? Permitir que a vida flua, como um rio caudaloso e potente, dentro de nós? Gozar a vida é preciso. Sofrer não é sempre preciso.

Finalmente a outra margem chegou. E o que você vai fazer agora? Planejar a nova mudança? Se eu puder te dar um conselho, te diria que não ainda. Não agora. É tempo de descansar do perrengue, se satisfazer com um pouco de segurança, digerir e decantar o tempo da aventura. A natureza da natureza é a impermanência, mas isto não significa que você precisa ficar emendando uma Travessia na outra (se tiver escolha sobre isso, é claro). Seus mecanismos de reação ao estresse vão agradecer, se você aprender a valorizar períodos de estabilidade. Neles, tudo expande, os projetos crescem, a criatividade aflora, a gente consegue estar mais disponível para apoiar os outros, para curtir as pessoas que amamos, para parar e contemplar a delícia dos dias e a beleza da imensidão.

Outro dia, uma amiga me contou que havia perdido o marido há menos de 6 meses, no meio de um processo de divórcio, havia mudado de cidade pouco antes dele adoecer e agora estava pensando em sair da empresa na qual trabalhava há 15 anos. Meu estômago contraiu na hora. Perguntei a ela se não tinha Travessias e lutos recentes demais (três) para que ela pensasse em arranjar agora mais um. Overdose de mudança colapsa o sistema, minha gente! Nossa alma precisa respirar entre uma perda e outra, entre uma conquista e outra. Tem vezes que não tem jeito, a vida vem e passa o rodo em tudo. Aí, a gente administra, faz sintoma, surta, vai pro oxigênio e tenta passar como dá. Mas, se você tiver escolha, consolide a sua mudança e se permita estar em terra firme por um tempo. Tudo no universo é uma alternância ritmada entre caos e ordem. Lembre-se disso.

8. COLETES SALVA-VIDAS PARA SITUAÇÕES DESAFIADORAS

*As palavras em inglês Healing, Health e Holy (cura, saúde e sagrado) têm a mesma raiz em comum: Hal, que significa **restaurar a completude.***

Otto Sharmer

Como eu faço para me transformar e viver as transformações do mundo com inteligência e também com uma boa dose de dignidade? Esta é uma ideia que me move. No estudo e também na gestão prática de mudanças na vida pessoal e no mundo corporativo. Foi ela que escolhi compartilhar no meu TEDx, e é sobre ela que estamos conversando aqui. A experiência de campo e o contato com tantos mestres me inspiraram uma clareza de que: quando o tema é "estar em Travessia", faz uma enorme diferença trabalhar nos "comos".

Portanto, este capítulo é um convite para que você possa criar seu "Kit personalizado de Primeiros Socorros para situações desafiadoras". Recursos, estratégias e atitudes de autocuidado que podem ser acionados nos momentos mais difíceis.

E que, sobretudo, alimentem sua resiliência na linha do "eu envergo, mas não quebro".

Podemos enfrentar uma jornada como esta no "modo náufrago", mas também é possível fazê-la como verdadeiros "barqueiros". Ambos experimentam ondas gigantes, o cansaço, a necessidade de administrar bem os recursos disponíveis, cuidar para respingar o menos possível em quem está ao redor, o esforço para se manterem vivos, e ganham com toda a aprendizagem viva impulsionada pelo desejo de seguir rumo à expansão, com a esperança de chegar do outro lado.

No entanto, a jornada do náufrago pode ser muito marcada pelo debater-se, pela reatividade aos obstáculos que emergem pelo caminho, pela solidão extrema, pelo desalento de se perceber frequentemente colapsado e paralisado diante da grandeza do desafio frente ao qual se sente perdido, apequenado e desamparado. Não que o barqueiro não se sinta assim em vários momentos da Travessia. O que os diferencia é o manejo de toda a situação, ou seja, o que ele faz com a falta de chão, que decisões ele toma e quando, que ajudas ele busca para ganhar forças e discernimento para seguir.

O barqueiro preparado é aquele que navega bem na calmaria e na tempestade. Quando está animado, mas também quando está exausto e pensando em desistir. Ele tem repertório para tirar a si mesmo de problemas e situações limite. Ele sabe que não vai acertar sempre, que muitas vezes vai precisar de ajuda, mas confia na força de seus próprios braços e na qualidade de seus remos para continuar a viagem. Não existe crise fácil e indolor. Existe crise bem administrada, o que pode temperar as reações de estresse próprias deste tipo de experiência, ativar a resiliência a ponto de poder recuperar-se mais rapidamente e manter-se criativo e adaptável ao que emerge dentro de si e à sua frente.

GESTÃO DA TRAVESSIA

No campo da Saúde e dos estudos cognitivos e comportamentais, chamamos estas estratégias de enfrentamento de situações adversas e desafiadoras de "*coping*" (do inglês "lidar com"). Partimos do pressuposto de que o enfrentamento saudável de uma situação depende de um bom encontro entre os contextos estressores e os organismos que precisam dar conta de lidar com estes estressores. Não é difícil de entender que um organismo considerado maduro e saudável, física e emocionalmente, tende a responder melhor a situações estressoras. Mas o que os estudos sobre *coping* vêm mostrando é que, tão importante quanto a resistência do seu organismo ao estresse (seus mecanismos de defesa, estado geral de saúde e história de vida), é a sua capacidade de avaliar o contexto e tomar decisões conscientes a respeito de como resistir e amenizar as demandas (Dias e Ribeiro, 2019).

Como esta mudança me afeta? De que maneira e até que ponto posso interferir a ponto de modificá-la? O que posso controlar e o que está fora de alcance? Que tipo de esforço é necessário e o que me é possível? De que apoios necessito para lidar com isso? Como não me deixar paralisar ou adoecer diante deste contexto? De onde tirar energia para sustentar o esforço até que tudo isso passe? São algumas das perguntas poderosas que descortinam os caminhos do bom enfrentamento. Não vamos fugir da luta. Queremos mesmo é lutar "o bom combate".

Quando falamos de mudanças, estamos nos referindo a processos transitórios, mesmo que algumas Travessias possam durar anos! Entretanto, este olhar também é muito relevante quando lidamos com situações adversas de caráter permanente, como trabalhar com pacientes em estado terminal, sofrer uma lesão incapacitante e incurável, cuidar de um filho com necessidades especiais e tantas outras situações extremas.

103

Estas são experiências que exigirão um grande esforço adaptativo, uma vez que pedem um profundo reposicionamento diante de si e da vida.

Aprender a atravessar uma tempestade transitória com a cabeça fora d'água, olhos abertos, corpo vivo e coração quentinho parece essencial para a nossa sobrevivência nestes tempos em que vivemos múltiplas camadas de mudanças (pessoais, relacionais, laborais, sociais, sanitárias, climáticas, econômicas, culturais, mundiais, ufa!). E, como a maioria de nós não chega numa Travessia totalmente pronto, a gente vai sendo lapidado por ela. Manter-se lúcido e prudente pode nos permitir lidar com serenidade com o cenário ao redor, ao mesmo tempo em que podemos prover os recursos que precisamos para não sucumbirmos à desordem.

Para quem quer aprender a ganhar mais musculatura na gestão de suas próprias Travessias, trago aqui uma síntese de aplicações práticas de algumas das teorias que venho estudando sobre enfrentamento de crises e mudanças. Eixos que carinhosamente chamo de "Atitudes Salva-Vidas".

Invista na sua Autorregulação

Quando um processo de mudança é deflagrado, não raro o organismo afetado percebe este momento como uma ameaça à estabilidade, gerando estresse e reações defensivas no sistema. Perdemos em parte a nossa homeostase, o equilíbrio dinâmico que mantém tudo "em ordem". Isso é algo absolutamente normal e saudável. O estresse é um esforço adaptativo que o corpo faz para administrar alta instabilidade. Nosso sistema nervoso aciona seus mecanismos de sobrevivência e proteção para garantir que a gente não se desintegre, física e emocionalmente.

GESTÃO DA TRAVESSIA

Congelar, lutar, fugir e dissociar são as nossas reações mais comuns ao impacto, à falta de chão (Levine, 1999; Porges, 2017). Acontece que, neste estado, a gente não pensa direito, não consegue criar, tem dificuldade de ter discernimento. A gente não vive; só sobrevive. Não há como evitar essas reações do corpo, mas é possível cuidar delas e sair delas por meio de mecanismos de retorno ao centramento e à fluidez. Quem aprende a respirar, habitar seu corpo e gerenciar seu estresse acaba fazendo como a zebra na savana, que, depois que conseguiu despistar o leão, se levanta e se chacoalha toda, liberando seu sistema de toda aquela adrenalina, até que esteja pronta de novo para seguir adiante.

Meditação, yoga, esportes, exercícios de respiração, visualizações, experiências musicais, trabalhos manuais e escrita terapêutica estão entre as possibilidades deste imenso cardápio de caminhos, e o melhor, com efeitos já comprovados (Cebolla et al, 2016). Minha sugestão é que você deguste, respeitando seu sistema de crenças e experiências já vividas, diferentes possibilidades. Estou certa de que, farejando com atenção e qualidade de presença, não vai ser difícil descobrir o que funciona e faz sentido neste momento de sua vida. Olhando para trás, notei que, em cada uma das várias travessias que vivi, diferentes práticas me foram úteis. O que variou muito de acordo com minha maturidade na época, meu momento de vida, o que cabia no bolso, o que cabia na agenda. Eu sei que, quando a gente está fragilizado e espremido pelas circunstâncias, dá uma certa preguiça de botar energia e tempo nesta degustação. Mas basta começar a sentir os benefícios concretos para que a gente sinta que valeu muito à pena começar.

Pratique o autoacolhimento

Quando estava preparando meu TEDx, decidi entrevistar algumas pessoas que já passaram pelos meus seminários de Gestão da Travessia de Crises e Mudanças, para ouvir como esta abordagem de psicoeducação contribuiu para seus processos. Nestas conversas, pude perceber o quanto cuidar de si com carinho e atenção pode fortalecer quem está passando por uma fase difícil. Lembro de um depoimento de uma participante destes encontros que estava passando por um momento muito desafiador: recém-casada, ela tinha descoberto que estava com esclerose múltipla (que é uma doença degenerativa), estava em conflito com a família e se sentia muito angustiada. Uma típica "convergência de múltiplas crises". Ela havia me contado que ouvia com frequência a *playlist* que montei numa plataforma de streaming com músicas que traziam os temas do universo da mudança e que pequenos rituais como estes foram se tornando importantes para ela lidar com tudo o que estava acontecendo em sua vida. Ela me contou que os desafios práticos do contexto de vida dela não tinham mudado muito, a doença não tinha cura e os conflitos familiares ainda persistiam, ora melhores, ora piores. Refletir e aprender sobre como ela poderia fazer boas escolhas para si no enfrentamento de toda a situação tinha deixado ela muito mais leve e resistente às frustrações. E a principal razão para isto é que agora ela tinha aprendido a usar um poderoso "colete salva-vidas" para a travessia: se acolher.

Mas é bom lembrar que:

Autoacolhimento não tem a ver com conformismo. Nem com vitimismo. Nem com autocomplacência. Tem a ver com sustentar uma relação de amorosidade e empatia com sua própria condição, seus limites, suas capacidades. Em geral somos muito duros conosco. Nos exigimos demais, nos culpamos, duvidamos de nossos potenciais mais do que seria saudável fazer. Este estado de insatisfação e insuficiência desproporcional, muitas vezes, beira à crueldade. Já vimos aqui que atravessar mudanças aumenta a nossa vulnerabilidade, exacerba inseguranças, ativa medos. Imagina então você apontando o dedo para sua própria cara, enquanto está sentindo tudo com muita intensidade e à flor da pele? De dura já basta a perda, a dúvida, a incerteza. O que muda se você pegar um pouco mais leve consigo até que possa estar de volta em terra firme e com mais vitalidade?

Acolher-se é um exercício de humildade, palavra que vem de húmus, que significa terra. É colocar os pés no chão. Nem se diminuir, nem se inflar demais. É ficar no real, do tamanho que tem hoje para lidar com as coisas, reconhecendo forças e fragilidades e regulando os ideais de como você deveria estar, quem você deveria ser, como deveria ter reagido em determinada situação.

Se pegue no colo, como uma mãe amorosa faria com um filho fragilizado. Se cobre apenas aquilo que é verdadeiramente possível neste momento. Enquanto lambe suas feridas e se regenera, trabalhe as vozes internas dos "zotros" (Figueiredo, 1995) que você internalizou e que te dizem que você não vai dar conta ou não é digno de receber amor. Se olhe no espelho com gentileza, pois se "chicotear" com frieza não vai mudar o estado das coisas.

Preste muita atenção às escolhas

Seja ágil com as pequenas decisões e seja lento com as grandes! Este é o meu mantra para tempos de crise. Mantenha o mínimo do dia a dia bem cuidado. As pequenas coisas, como se alimentar com consciência, ouvir música, manter sua casa limpa, atender a rotina das crianças, não deixar cortar a luz e a água da sua casa, ficar atento aos exageros com doces, bebidas e séries na TV. O meio da Travessia não é lugar para tomar grandes decisões. Neste momento, estamos estressados e sem muita clareza do que realmente irá se formar adiante. Todas as pessoas, incluindo eu, que prejudicaram muito a si mesmas nas suas crises, fizeram isso porque tomaram decisões de alto impacto em momentos de angústia, impulsividade, raiva, desespero. Portanto, muita atenção: não venda carro, casa, não peça demissão, não peça separação nem corte amizades em momentos de fogo alto e tempestades no mar, salvo se isto for uma medida de redução de risco urgente e necessária. Se for possível adiar este tipo de escolha drástica, faça. Espere até ter mais firmeza de que é isso que precisa acontecer. Se informe, faça contas, consulte especialistas, analise quais os cenários possíveis, pois esta exploração do terreno vai te ajudar a decidir com os pés no chão e minimizar as chances de arrependimento.

O momento de se preparar para tomar grandes decisões é quando já é possível avistar a outra margem. Você está mais consciente de seu desejo e já avaliou as condições objetivas para corporificá-lo. O futuro, que antes parecia tão nebuloso, está emergindo e mostrando seus contornos. Suas certezas estão se consolidando e o caos está gradativamente ganhando alguma ordem.

Busque ajudas que realmente ajudem

Cerque-se de pessoas que possam te oferecer ajuda de qualidade. Me refiro aqui a construir uma verdadeira rede de apoio para passar a Travessia. Ela é formada por pessoas com quem

GESTÃO DA TRAVESSIA

você pode efetivamente contar e que você sabe que, na hora dos apertos, estarão ali para você. É bom lembrar que nem todo mundo que te ama e torce por você será boa companhia. Vale a pena selecionar quem pode oferecer ajudas valiosas antes de sair gritando "socorro!". Este cuidado é um jeito de se proteger de quem pode ser muito bem-intencionado, mas acaba se tornando invasivo, abusivo e até tóxico, tudo no afã de tentar te "ajudar".

Portanto, fuja dos conselheiros! Tudo o que você não precisa é de alguém que cole em você e diga: "no teu lugar, eu faria isso e aquilo...". Sugestões são bem-vindas, mas intromissões deste tipo podem cortar o fluxo de aprendizagens que estar nesta situação proporciona e te deixar tentado a querer pegar um atalho para pular para a outra margem, sem atravessar. E, pior, materializar em sua vida uma "pseudo-solução" que não tem conexão alguma com seu desejo e suas necessidades. Ou seja, o conselho pode gerar alívio, mas o preço final pode sair bem caro, pois te desvia de sua própria rota. Fuja! Não foi à toa que Ulisses, na Odisseia, pediu pra ser amarrado no mastro do barco para não cair no canto das sereias e morrer atraído por elas no fundo do mar. Ele queria voltar para casa e reencontrar sua amada Penélope. Para conseguir o que você realmente deseja, como Ulisses fez, é preciso resistir às vozes que te seduzem com propostas tentadoras e perigosas e se tornar capaz de ouvir a sua própria sabedoria interior.

Aproveite também para fugir dos falsos profetas com métodos rápidos que irão resolver sua vida, "terapias revolucionárias" e fórmulas mágicas. As redes sociais estão cheias deles! Fazem parte da rede de apoio de um barqueiro de Travessias um rol seleto de profissionais que podem ser os "lanterninhas do cinema", ou seja, que podem ajudar você a nutrir necessidades de equilíbrio físico, emocional, social e espiritual.

Psicoterapeutas, médicos, massagistas, sacerdotes, terapeutas holísticos e por aí vai. Talvez você não precise de todos ou tenha dificuldade de acesso a algum. Escolha com critério, de preferência pessoas que, além de boas tecnicamente, consigam ter empatia. Gente de boa escuta, capaz de ter paciência com seu ritmo e características singulares e, principalmente, que tenham experiência em descidas ao fundo do poço.

Mais do que interferência e condução, quando estamos atravessando, precisamos mesmo é de *container*, um lugar seguro e amoroso para que a gente possa desabar e se reerguer quantas vezes forem necessárias. Onde seja possível treinar com calma e confiança as nossas novas formas até que as pernas fiquem firmes o suficiente para que possamos caminhar sozinhos de novo. Deixe chegar aqueles que sejam capazes de te dizer: "puxa, sinto muito, deve estar sendo difícil mesmo isso pra você". Gente que te faça um chá, te lave uma louça, te abrace com delicadeza. Que seja capaz de sentar do teu lado em silêncio, te ouvir chorar por horas de frente pra janela e que te diga, no máximo, "eu estou aqui, tem alguma coisa que eu possa fazer por você neste momento?"

Mantenha abertura e confiança na vida

A gente se fecha e acaba ficando até um pouco pessimista quando está se ralando na aspereza das perdas e do medo. Sei (e como sei!) que manter-se aberto e confiante nestas horas é difícil. Mas é também um exercício praticar uma visão ampla e positiva para o que está por vir. Não estou falando daquela positividade tóxica de ficar buscando o lado bom de tudo ou numa postura meio infantil que vemos em algumas postagens de autoajuda. Me refiro aqui à sabedoria de colocar em uso tudo aquilo que já aprendemos sobre as mudanças e os ciclos de vida. Sobre impermanências e renascimentos. Se nossa compreensão sistêmica da vida nos permite saber que sempre depois do inverno vem a primavera, podemos colocar o lugar estreito em perspectiva. Subir no alto da montanha e olhar para esta Travessia de cima. Olhar para trás e constatar que já atravessamos muitas e muitas vezes o buraco da agulha. Este é só mais um ciclo que vai se completar e logo outro nascerá, pois a vida tem sempre o desejo de seguir, independentemente de por quais caminhos.

Esperançar é uma ação, um retomar da respiração após cada aperto. Não é um trabalho ingênuo ou delirante. É prático e se dá em contato com o real, celebrando cada pequeno avanço, reconhecendo o que já foi percorrido. Se deixando levar pela vontade de chegar num novo lugar. Abra as asas com coragem!

"O rio da vida flui através de você, basta você permitir"
Steffen Gilligan em *A Coragem de Amar*, 2001.

Ensaie o vôo

Se entregue ao fluir da vida.
Remova os obstáculos
Derretendo um a um.
Respire entre eles.
Logo volte a remar
Deixe-se abraçar pela brisa com ternura.
Mantenha por perto aquilo que faz sua alma cantar.
Arrume a casa, mas também
Deixe uma fresta aberta para que a vida nova possa entrar.
Você pode esperar por ela com uma mesa posta
Uma comida gostosa e uma roupa de festa.
Cedo ou tarde ela vai chegar
E quando chegar você vai saber.
Fique acordado e confie.

9. ATRAVESSANDO EM BANDO: ALGUNS PENSAMENTOS SOBRE MUDANÇAS NO AMBIENTE CORPORATIVO

O sucesso de uma intervenção depende da condição interior do interventor.
Bill O'Brien, executivo que resumiu o "ponto cego" da nossa forma atual de liderar mudanças.

Assim como acontece em nossas vidas pessoais, as mudanças corporativas engatilham sentimentos contraditórios, processos de luto, altas doses de medo e estratégias defensivas. Estes sintomas não devem ser atropelados pela racionalidade e pela pressa em avançar. Precisam ser notados, acolhidos, encaminhados de forma adequada e respeitosa. Colocar as pessoas no centro é, além de uma questão ética, uma necessidade estratégica, pois o mal-estar negligenciado de hoje pode ser o obstáculo ao sucesso da mesma iniciativa que o causou, amanhã. Pois seja no âmbito de "pessoa física" (seu universo pessoal) ou "pessoa jurídica" (no seu universo profissional ou empresarial), mudar é o único caminho para a evolução de um negócio, de um produto, de um serviço. É uma necessidade nestes tempos de adaptações constantes, revisão de rotas e urgências galopantes. Transformações num espaço coletivo pedem planejamento, método, um propósito claro e muita conversa. Coisas que, infelizmente, ainda são raras de se ver no mundo corporativo.

Perdi as contas de quanta gente traumatizada por processos de mudança mal-conduzidos encontrei pelas empresas por onde passei. A fragilidade na forma como as mudanças são propostas e encaminhadas está na raiz de boas ideias que naufragam antes de se concretizarem. As aprendizagens organizacionais que não se consolidam, deixam necessidades sem o devido atendimento. Estas lacunas podem contribuir para perdas, desperdício, falhas, além de doenças e acidentes de trabalho. Em meio a este "bate cabeças" descuidado, bons profissionais vão embora e os que ficam acabam adoecendo. O impacto disso? Além dos prejuízos para a saúde emocional, para o clima em equipe e o esvaziamento do trabalho, essas pessoas se tornam mais e mais resistentes quando uma nova proposta de transformação se apresenta. O "dessa vez vai" perde o espaço para o "ai, de novo, não!".

Se quiserem ganhar tração e eficiência neste tipo de desafio, gestores, consultores, profissionais de Recursos Humanos e de Saúde e Segurança precisam assumir que grande parte das suas atividades cotidianas envolvem impulsionar aprendizado e transformação, pessoal e organizacional. Significa gerenciar o movimento e o tempo necessários para que, no lugar de um resultado traumático, possam colher crescimento verdadeiro, para o negócio e para as pessoas que fazem o negócio acontecer. Precisam considerar que são as pessoas que mudam para que os processos mudem. Quando investimos esforços em equilibrar ganhos e perdas, como pressão e autonomia, estratégia e atenção ao que está vivo no momento, criatividade e disciplina, isto se torna mais possível. No universo corporativo,

GESTÃO DA TRAVESSIA

as mudanças são as respostas tanto para alçar novos voos, quanto para tratar crises e problemas.

Já passou do tempo de assumirmos que o que acontece no trabalho pode afetar o que acontece debaixo da pele de cada um de nós, não acham? Em minha experiência como consultora de empresas, fui e sou testemunha do quanto o cuidado com as pessoas, antes e durante processos, trazem efeitos benéficos palpáveis. Ele é capaz de diminuir o sofrimento causado por atropelos, esforços inglórios, ruídos altos de comunicação e perda da confiança na liderança e na própria empresa. Os dados alarmantes de adoecimento psíquico no trabalho, em todo o mundo, são um bom indicador de que isso não é só um papinho daquele "povo que vive com foco em pessoas".

No começo da minha carreira, fui desafiada a apoiar o grupo de gestores de uma fábrica que estava para fechar. A gerente de RH me convidou para ajudá-los a cuidar da "parte psicológica" do projeto de encerramento. Ela já havia vivido essa situação em outras empresas e testemunhado de perto o estrago que uma mudança feita sem cuidado pode gerar. Segundo ela, "foi traumatizante" para todos, mas principalmente para os trabalhadores que, de repente, souberam que o local onde trabalhavam há anos, onde fizeram amigos, onde enfrentaram tantos perrengues, de onde tiravam a segurança de seu sustento, fecharia em poucos dias e eles seriam simplesmente descartados. Esta gerente bancou com a organização que só tocaria este novo projeto se tivesse patrocínio amplo para fazê-lo com dignidade e respeito. Arrepiei quando ouvi isso ao telefone. Eu, que nunca havia pensado em participar de algo deste tipo, porque sempre considerei um lado cruel do mundo dos negócios, me vi chamada para ajudar a cocriar este tal "caminho digno". Esta forma de conduzir um "baixar de portas" passou a fazer todo sentido para mim, já que reverter o fechamento não era mais possível. Entendi aquele convite como o trabalho dos profissionais de saúde encarregados de cuidados paliativos, ou seja, que se ocupam de cuidar de pacientes terminais, para os quais a medicina não tem mais cura a oferecer. Seu trabalho é exatamente o de garantir que eles vivam seus últimos dias com dignidade, sem dor, próximos de seus familiares, sentindo-se protegidos por uma equipe que não medirá esforços para lhes oferecer uma despedida serena e amorosa (Arantes, 2016).

A primeira ação do meu plano de trabalho, alinhado com as diferentes áreas da fábrica e com outros consultores que se ocupavam de outros detalhes, foi preparar a liderança para compreender e aprender a manejar o luto, antes mesmo do anúncio formal do fechamento. Eles precisavam se preparar para lidar com os comportamentos, conversas, sintomas e eventos inesperados que seriam deflagrados a partir da comunicação oficial. Elaboramos os cenários possíveis, desenhamos rituais para as datas mais impactantes até o último dia e fizemos combinados a respeito de como encaminharíamos as situações. Não espantou que, do anúncio inicial até o derradeiro dia, lidamos com sinais evidentes do luto coletivo que estava em curso.

Rumores e teorias de todos os tipos explodiram nos corredores da fábrica, frutos do medo do futuro e da insegurança gerada por essa notícia que ninguém queria ouvir. Vandalismos, quebra de chuveiros nos vestiários, pequenos furtos de ferramentas revelavam a raiva e a indignação, etapa necessária, mas indigesta, do processamento do luto. Filas se formavam no setor médico, onde as pessoas se queixavam de todo o tipo de mal-estar. O médico nos dizia que boa parte deles não tinham questões físicas importantes. Estavam angustiados. Quase todos precisavam mesmo era de atenção e escuta.

Estava materializada a vulnerabilidade deflagrada pelo fim do ciclo que se anunciava. Vários pedidos de demissão começaram a chegar antes mesmo do plano de recolocação e recapacitação que a empresa havia preparado, mostrando que, diante da enorme incerteza, o impulso de luta e fuga fez muitos talentos se anteciparem, buscando novos rumos. Outro sinal muito interessante foi o volume de mulheres grávidas que começou a aparecer. Uma abertura ao diálogo e ao mapeamento revelou que uma parte delas tinha a esperança de ganhar alguma estabilidade e esticar o acesso ao plano de saúde que a empresa oferecia, e outra parte considerável contou que já tinham planos de aumentar a família e que a notícia do fechamento abriu espaço em suas vidas para a chegada de um novo filho. A quem cabe julgá-las? A ninguém, é claro.

À medida que os meses passavam e, apesar de todos os esforços de comunicação aberta e transparente, havia um clima de comoção crescendo nos olhares e conversas com a turma da linha de produção. Fácil entender o porquê. É desafiador para os gestores envolvidos em crises e mudanças dar espaço para que os sentimentos das pessoas se manifestem, sem querer tamponar, consolar ou fechar a porta para não ter de lidar com fragilidades. O exercício de atentar para os elementos essenciais do caminho da mudança em curso já estava sendo feito por este time engajado. Alguns dos pilares centrais da Gestão de Mudança foram contemplados: estratégia alinhada, comunicação abrangente, aprendizagem e mitigação de impactos sobre os envolvidos, como os stakeholders e demais atores (empregados, terceiros, familiares, comunidade do entorno, agentes públicos, imprensa local) (Peixoto e Rua, 2021). Eu nunca tinha visto um esforço como esses antes, em casos deste tipo. Até hoje, algo assim ainda é raro de se ver (e olha que já se passaram mais de 15 anos).

Empatia, sentido e constância

Como já explorei no meu livro "Comportamento Seguro" (Bley, 2014), mudar exige sentido e constância. Para que as pessoas se sintam convidadas a se envolver num processo desses, ele precisa fazer sentido para elas. Sentido tem a ver com o propósito, tem a ver com o "por que" e com o "para que" investir tempo, atenção e energia nisso. Por que me engajar e me comprometer com isso? A serviço de que está este esforço todo? Qual finalidade? Que ganhos serão gerados? O que muitos tomadores de decisão ainda não sabem (ou sabem, mas não valorizam) é que construir sentido é diferente de vender a ideia. Ou de mandar que cumpram uma decisão tomada nos níveis estratégicos.

Construir sentido passa por um movimento empático de ir na direção daqueles que vão criar o caminho e proporcionar conexões fortes. O que é importante para eles? Como eles podem contribuir na construção desta jornada (para além de cumprir uma decisão boa para o negócio)? Como podem se sentir pertencentes, mais do que meros executantes? De que combinados e acordos precisamos para atravessar os momentos difíceis? Para lidar com as falhas e mudanças de rota? A magia do engajamento vívido e entusiasmado só é possível quando as pessoas se sentem parte integrante e integrada de um projeto. Quando o processo tem lugar para o "debaixo para cima" também. É uma inversão importante na lógica do comando-controle, da hierarquia que "desdobra" as coisas de cima para baixo.

As pessoas se mobilizam quando podem colaborar entre si e têm um propósito que as conecta. O senso de pertencimento é a necessidade atendida. Esta é uma das bases do desenho de projetos centrado no humano (*human-centered design*) que

GESTÃO DA TRAVESSIA

tem nutrido as minhas iniciativas junto a empresas, justamente por catalisar energia, atenção, colaboração e comunicação próxima para que uma transição possa ser sustentada e sustentável. E, a meu ver, é nesta inversão que está uma das chaves para uma mudança coletiva que tem grandes chances de chegar à margem em que o resultado concreto está, de maneira responsável e cuidadosa.

Além do sentido, uma mudança efetiva precisa de *constância*. Coisa que está tão rara de se experimentar no mundo corporativo hoje em dia! É uma brincadeira, com fundo de verdade, que corremos o risco de ter muito mais iniciativas do que acabativas nos cronogramas anuais. É desafiador e muito cansativo ser um agente de mudança. A chama do sentido e do propósito que mantém nossa vitalidade e disposição para seguir. E é só colocar o barco na água que forças divergentes e concorrentes entram em campo. Vida real, né? Imprevistos acontecem, outros projetos "roubam" a agenda dos envolvidos, oscilações no mercado cortam verbas previstas, pessoas-chave mudam de empresa no meio do caminho, eventos indesejados como problemas graves e acidentes ocorrem, fazendo com que líderes questionem se o esforço todo está valendo mesmo a pena. Ah, e tem o imediatismo também, que anda ao nosso lado, como aquele "diabinho no ouvido" do desenho animado, dizendo: "Ainda estamos nisso? Não acaba nunca! E se não der certo, como vamos justificar o investimento todo?".

Outro dia, eu estava num encontro de líderes de uma gigante da indústria brasileira que vinha numa puxada forte de transformação cultural, quando uma comunicação oficial da alta administração disse que aquele processo não era mais o foco principal e que precisavam colocar toda a energia em cortar custos e gerar resultado para os acionistas. Se colocasse um microfone para ouvir o que aqueles líderes sentiram naquela hora, ouviria em alto e bom tom: " Não creio que estão fazendo isso com a gente. Agora que estávamos embalados e apaixonados pelas mudanças que estavam em curso?". Eles não falaram com a boca, mas os olhos e o semblante de frustração e desolação no rosto deles disse tudo. Um deles perguntou, numa visível reação de luta/fuga: "Como vamos manter a energia do pessoal e o engajamento com a empresa depois que dermos esta notícia?". Ele nem bem havia absorvido o impacto e já estava tentando fazer algo - o que é bom e ruim ao mesmo tempo. Avaliando a trajetória, acredito que havia boas chances de que a mudança contribuiria para reduzir custos e aumentar o resultado. Mas isto levaria um tempo para acontecer. A alta cúpula estava com pressa e a mentalidade de curto prazo venceu mais uma vez o caminho evolutivo. Kronos atropelou Kairós, tirou energia da mudança e possivelmente fez muita gente duvidar se o interesse da companhia em saltar de patamar em sua forma de atuar era genuíno. O projeto não foi jogado fora, mas foi desacelerado numa fase em que ainda estava em ascensão e construção. Lamento pelas pessoas e pela organização, pois quando ela apresentar um novo convite de esforços para gerar aprendizados sistêmicos para a cultura, provavelmente enfrentará resistências e descrédito, por conta das feridas deixadas pela fratura na conexão. A constância e a sustentação do esforço por aprender continuamente é uma forma de manter o solo fértil para novas mudanças.

As Travessias Corporativas nos fazem lidar com fluxos e barreiras parecidas com as das Travessias pessoais, porém ampliadas e em larga escala. Mudar atiça nossa percepção de riscos, sinaliza oportunidades e desequilibra a homeostase do sistema, como vimos no capítulo anterior. Vivemos as fases do luto, mediamos o tempo entre Kronos e Kairós,

GESTÃO DA TRAVESSIA

nos defrontamos com resistências ao "deixar ir", enfrentamos as vozes do medo e do julgamento, precisamos de rede de apoio e, às vezes, apoio externo especializado para que o caos não nos soterre (Sharmer e Kaufer, 2014). Sentimos vontade de desistir, precisamos nos manter abertos e energizados para que o fluxo aconteça, temos a necessidade de celebrar as pequenas conquistas para que haja energia que sustente o esforço até a outra margem. Apesar de termos um plano estruturado, em muitos momentos caminhamos na neblina, só que, desta vez, em bando. Por isso é tão importante insistirmos numa espécie de *Pedagogia da Mudança*, ou seja, em criar oportunidades para que as pessoas aprendam a mudar com consciência e possam estar mais instrumentalizadas para vivenciar transições de maneira humanizada. Este é um dos propósitos da Gestão da Travessia. Mais importante ainda é que haja "barqueiros de travessias corporativos", capazes de oferecer apoio técnico e emocional para que as pessoas possam alavancar mudanças intencionais nos processos e nos sistemas.

Existem muitos Barqueiros de Travessia Corporativos, apesar de boa parte não se reconhecer como tal. São pessoas com ou sem formação, de diversos cargos, que, com alguma frequência, se veem envolvidas diretamente com projetos deste tipo. Nas palestras e workshops que realizei em empresas, notei que a reflexão sobre Gestão de Travessias ajudou muitos a se darem conta de que tinham esse papel, mesmo que isto não estivesse escrito no seu crachá. Tantos outros já se percebiam como tal, porém, não haviam notado que aprender mais sobre o tema ajudaria a diminuir sua angústia e aumentar sua confiança, descobrindo formas de contribuir mais sofrendo menos e ajudando os demais neste mesmo exercício.

Quais são os seus "comos"?

Para aqueles que se reconhecem como agentes de mudança num contexto coletivo, gostaria de propor uma reflexão sobre sua prática até aqui: COMO você tem protagonizado isso na prática? Qual a sua "pegada"? Como você tem engajado as pessoas para embarcarem nestes processos? O que tem funcionado como estratégias de enfrentamento para lidar com obstáculos, resistências e desafios do caminho?

Como uma espécie de "vendedor" que inflama o pessoal com a possibilidade da transformação, mas que nem sempre está disposto a apoiar nas dificuldades, nem escutar as queixas quando as coisas ficam difíceis? Da mesma forma como quando compramos um produto com defeito e depois descobrimos que não tem mais peça para a manutenção.

Como um "colonizador" europeu nos tempos do Brasil Colônia, que chega numa terra desconhecida impondo suas ideias e modos de ver as coisas e que manda prender e torturar os povos originários que se recusarem a rezar no seu templo, usar roupas de gente branca e cultuar a sua doutrina?

Como o "mensageiro do Apocalipse", que vem dar a notícia de que "as coisas vão mudar por aqui" e quem não está satisfeito pode começar a pensar no seu futuro, pois "a empresa não vai mais aceitar" isso ou aquilo e que você só "está cumprindo ordens"?

Olha, se você se percebeu numa destas formas, imagino que você possa até estar obtendo algum êxito, mas ouso dizer que o custo deste tipo de experiência para as pessoas e para você mesmo esteja sendo difícil de sustentar. Um dos efeitos colaterais do vendedor de altas expectativas é o sentimento nas pessoas de desamparo, sobrecarga, e até de abandono. Elas se inflamaram junto com você, acreditaram no caminho que

GESTÃO DA TRAVESSIA

revelou e depois ficaram sozinhas à sua própria sorte. Os colonizadores deixam um rastro traumático em suas passagens, situações de assédio e alta pressão, insegurança e medo, o que gera repulsa, sabotagens como forma de resistência, e péssimas referências para o futuro do que é passar por um processo de transformação. Os mensageiros do Apocalipse, por sua vez, se colocam de fora do processo, como meros espectadores e transportadores dos "recados de cima", e desestimulam a conexão das pessoas com o propósito. Aquela liderança que não inspira, aquele convite que não dá vontade de aceitar. Caímos no campo da obrigação, do vazio de sentido e do engajamento apenas mediante ameaça de ser desligado ou mal-visto numa próxima oportunidade de promoção. O projeto talvez saia mesmo, mas na base do "empurra e puxa", num ambiente de muita pressão e baixa confiança. É o que nos mostram estudos como os da Amy Edmonson (2021), pesquisadora de Harvard que estuda há 20 anos a Segurança Psicológica e que vem gerando uma maravilhosa onda de discussões no mundo corporativo sobre como manejamos o risco interpessoal no ambiente de trabalho e suas implicações para os processos e resultados. No trabalho dela, como também nos estudos dos brasileiros Carmen Migueles e Marco Túlio Zanini (2021), fica claro que, em um ambiente de medo, baixa confiança, alta distância de poder e conexões humanas frágeis, dificilmente veremos potência de inovação e aprendizado acontecendo. Por isso que torço para que os Deuses nos livrem de ter que tocar um projeto desafiador com zero de entusiasmo e um dedo apontado para nosso nariz todo dia.

As organizações são sistemas complexos, cada vez mais ágeis e matriciais. Este cenário pede que os arquitetos da mudança se dediquem à articulação de redes colaborativas, comprometidas em tecer, com agulha fina, projetos, pessoas e meios técnicos. O cuidado com o diálogo aberto e um espaço seguro e de confiança prepara o terreno para a parte objetiva fluir com menos intercorrências. Uma coisa puxa a outra, mas não há uma receita única. Vai ser preciso costurar a roupa no corpo de quem vai usá-la.

Por isso, um passo fundamental é investir na leitura do contexto em que esta mudança vai ser proposta. Observando com amplitude o momento que a empresa vive, os valores que movimentam suas ações, seus padrões de comunicação e cooperação internos, o preparo dos líderes envolvidos, as condições tecnológicas e o repertório que eles já têm no tema central do projeto de mudança (gestão, segurança, dados, qualidade, sustentabilidade, relação com clientes etc.). Apoiada nesta visão ampla é que pode se assentar, com sucesso, a escolha de um método estruturado para gerenciar a mudança.

Otto Sharmer defende que é a consciência o grande ponto cego da gestão nestes tempos incertos. Prestamos atenção ao que fazemos (resultados) e a como fazemos (processo), mas perdemos de vista o que acontece debaixo de nossas peles. Ele defende a ideia de que a "qualidade dos resultados produzidos por qualquer sistema depende da qualidade da conscientização dos participantes que operam o sistema" (Sharmer, 2014. p, 19). Para que possamos liderar processos necessários à construção do futuro, precisamos reconhecer que existem pontos em que a gestão e o "Eu" são profundamente interdependentes. Temos aí, talvez, o maior dos muros a transformar em ponte, já que o espaço organizacional ainda é marcado pelo tecnicismo, pela racionalidade excessiva, pelo pensamento linear e por pouca gente com competências humanas bem desenvolvidas em posições de liderança. Quem atua no mundo corporativo, sabe que ainda nos vemos insistindo que, por trás dos crachás, existem seres humanos que sentem, sonham, se decepcionam,

GESTÃO DA TRAVESSIA

lutam e que sustentam tudo o que acontece numa organização com sua energia, atenção, talento e vontade. Não é à toa que uma das máximas utilizadas no campo da Gestão de Mudanças é a de que "**gerir a mudança é, na verdade, humanizá-la**".

Não se muda por decreto. Muito menos por arrasto.

Que possamos incorporar isto, de uma vez por todas, quando a necessidade de evoluir bater à porta de nossas empresas. Empreender transformações tem método, sim; mas tem muito mais arte e conexão humana. Avante, barqueiros e barqueiras, porque transformar realidades e ser transformado por elas é a colheita mais preciosa de uma Travessia.

10. EXISTE UM LUGAR SEGURO

Preservar é aprender
Aprender é praticar
Praticar é repetir
Repetir é vivenciar
Vivenciar é crise
Crise é prova
Prova é fortalecimento
Fortalecimento é criar no novo
Criar no novo é transformar
Transformar é início e fim ao mesmo tempo.
Rudolf Steiner,
filósofo fundador da Antroposofia.

Tudo que é vivo expande e contrai, e precisa de certa flexibilidade e adaptabilidade. É a alternância entre luz e sombra que constrói as imagens. O universo dança entre caos e ordem. Mas mudar toda hora pode ser tão doentio quanto permanecer rígido e fixo. O fim da trilha de uma Travessia bem-sucedida é a integração e a estabilização de uma nova forma, que vai sustentar o pulsar do próximo ciclo. Quando chegamos na outra margem, somos convidados a uma certa permanência, uma persistência que apoia a consolidação dos resultados colhidos. É a hora da colheita.

Nas tradições antigas, o tempo da colheita era marcado por festas, alegria e gratidão. Agradecer aos deuses, fazer oferendas, guardar o colhido para garantir a nutrição da comunidade nos meses mais áridos. E, depois de celebrar, descansar. Sim! Momento de recuperação, regeneração e tempo livre de esforços para que fosse possível voltar à labuta quando chegasse a hora. O imediatismo, a velocidade e o consumismo que marcam nosso estilo de vida e a sociedade hoje têm feito com que as pessoas vivam como se estivessem sempre devendo. Está sempre faltando um curso, sobrando gorduras no corpo, sempre tem mais uma meta arrojada para alcançar para tentar se sentir (finalmente) valoroso ou bem-sucedido. Muitos barqueiros que acompanhei, assim como processos em empresas, quando chegavam à estabilização, nem celebravam, nem descansavam. Já saíam afoitos por empreender novas jornadas, mesmo que não fosse tão urgente ou necessário. Se você tem vivido suas Travessias assim, quero te lembrar de que a vida não é só feita de esforços e remadas incessantes. Ela também é composta por pausas, assim como uma música ou uma onda do mar. Assentar a poeira e saborear os frutos colhidos é tão necessário para completar um ciclo quanto a resiliência é para poder suportá-lo.

Estabilizar a forma não quer dizer que a outra margem é um oásis de paz e tranquilidade. É vida que segue, também. Só que mais estruturada, contendo um pouco mais de estabilidade, podendo contar com novos recursos e talvez competências mais desenvolvidas para enfrentar o dia a dia. Mas, então, onde está o tal lugar seguro? Não é na outra margem?

GESTÃO DA TRAVESSIA

Não exatamente. Este lugar existe e sempre esteve aí – o lugar seguro onde você pode se abrigar das ondas gigantes e trovoadas, e também nas noites estreladas, está disponível para você antes, durante e depois da Travessia. Ele existe dentro de você. Você está contigo o tempo todo. Segurança é um estado interno e também uma condição concreta. Para a parte prática, temos métodos, conhecimentos, recursos e estratégias. Para nos sentirmos seguros, precisamos desenvolver a habilidade de nos autorregularmos, ou seja, de nos habitarmos, com conexão, carinho e alegria (Levine,1999; Porges, 2017; Dana, 2018).

Minha amiga e terapeuta corporal Gabriela Mazzi, profunda conhecedora de autorregulação emocional, diz que a gente pode "sair da zona de conforto, sem sair da zona de segurança". Está aí uma grande sabedoria! (baseada em neurociência e conhecimento da nossa natureza emocional). Há uma grande diferença entre correr alguns riscos, de um jeito consciente e progressivo, e se jogar de cabeça no abismo, sem cordas para te segurar. Viver, crescer e evoluir implica em correr riscos. Mas é, também, ter cuidado e prudência. E, nesta dança entre se jogar e se proteger, vamos aprendendo e amadurecendo nossos "comos", para que possamos ser-estar-agir no mundo.

A Terra não vai parar de girar. Portanto, se você anseia por se sentir seguro e confortável, enquanto tudo se move ao redor, você vai precisar encontrar seu centro e ali construir sua casa. Te aviso: você vai se perder muitas vezes, mas isso faz parte. E, quando isso acontecer, você vai achar o caminho de volta e se habitar de novo. E de novo. E de novo. Quantas vezes forem necessárias. Isso é um problema? Não! Esta é a grande magia contida na dança da vida.

REFERÊNCIAS

AERTS, Denise; GANZO, Christiane. *Curação: a arte de bem cuidar--se*. Porto Alegre: Edição do autor, 2009.

AMARAL, Alexandre C. *Cartas de um terapeuta para seus momentos de crise*. São Paulo: Planeta, 2020.

American Psychiatric Association. *Manual diagnóstico e estatístico de transtornos mentais: DSM-5*. Porto Alegre: Artmed, 2014.

ANTONIAZZI, Adriane S; DELLÁGLIO, Débora D; BANDEIRA, Denise R. *O conceito de coping: uma revisão teórica*. Estudos de Psicologia, Universidade Federal do Rio Grande do Sul, 1998, 3(2), 273-294.

ARANTES, Ana Cláudia Quintana. *A morte é um dia que vale a pena viver*. Rio de janeiro: Casa da Palavras, 2016.

BAUMAN, Zygmunt. *Modernidade líquida*. Rio de Janeiro: Editora Zahar, 2001.

BELASCO, James. *Ensinando um elefante a dançar*: como estimular mudanças na sua empresa. Rio de Janeiro: Campus, 1992.

BERNDT, Christina. *Resiliência: o segredo da força psíquica*. Petrópolis: Vozes, 2018.

BLEY, Juliana. *Comportamento seguro*: a psicologia da segurança no trabalho e a prevenção de doenças e acidentes. Belo Horizonte: Artesã, 2014.

BONDER, Nilton. *A alma imoral*: traição e tradição através dos tempos. Rio de Janeiro: Rocco, 1998.

BROWN, Brené. *A coragem de ser imperfeito*. Rio de Janeiro: Sextante, 2013.

CAPRA, Fritjof; LUISI, Pier L. *A visão sistêmica da vida*: uma concepção unificada e suas implicações filosóficas, políticas, sociais e econômicas. São Paulo: Cultrix - Amana Key, 2014.

CAPRA, Fritjof. *A teia da vida*. São Paulo: Cultrix, 1996.

CASTAÑEDA, Carlos. *A erva do diabo*. São Paulo: Editora Record, 1968.

CEBOLLA, Ausiàs; CAMPAYO, Javier G.; DEMARZO, Marcelo. *Mindfulness e ciência*. São Paulo: Palas Atena, 2016.

CHODRON, Pema. *Quando tudo se desfaz*: orientações para tempos difíceis.

CSIKSZENTMIHALYI, Mihaly. *Flow: a psicologia do alto desempenho e da felicidade*. Rio de Janeiro: Objetiva, 2020.

DANA, Deb. *The polyvagal theory in therapy*: engaging the rhythm of regulation. New York: W.W. Norton, 2018.

DEHEINZELIN, Lala; CARDOSO, Dina. *Novas economias viabilizando futuros desejáveis*: introdução à fluxonomia 4D. São Paulo: edição da autora, 2019.

DREAMER, Oriah M. *Dança: acompanhando o ritmo do verdadeiro eu*. Rio de Janeiro: Sextante, 2003.

EDMONSON, Amy. A Organização Sem Medo: Criando Segurança Psicológica no Local de Trabalho para Aprendizado, Inovação e Crescimento. Rio de Janeiro: Alta Books, 2021.

EGER, Edith Eva. *A bailarina de Auschwitz*. Rio de Janeiro: Sextante, 2019.

ESTÉS, Clarissa P. *Mulheres que correm com os lobos*: mitos e arquétipos da mulher selvagem. Rio de Janeiro: Rocco, 1994.

FIGUEIREDO, Rita. *A montanha do grande segredo*. Curitiba: Agendarte, 1995.

GILLIGAN, Stephen. *A coragem de amar*. Belo Horizonte: Editorial Caminhos, 2001.

GILLIGAN, Stephen. *Generative Trance*. Williston, USA: Crown House, 2018.

GLOUBERMAN, Dina. *Escolhas de vida, mudanças de vida*. Rio de Janeiro: Nova era, 2005.

GOLEMAN, Daniel; SENGE, Peter. *O foco triplo: uma nova abordagem em educação*. Rio de Janeiro: Objetiva, 2015.

HALIFAX, Joan. *À beira do abismo*: encontrando liberdade onde o medo e a coragem se cruzam. Terezópolis, RJ: Lúcida Letra, 2021.

HAMILTON, Christopher. *Como lidar com a adversidade*. Rio de Janeiro: Objetiva, 2015.

HARARI, Yuval N. *Sapiens: uma breve história da humanidade*. Porto Alegre: L&PM, 2015.

HOCK, Dee. *Nascimento da era caórdica*. São Paulo: Cultrix, 1999.

JAWORSKI, Joseph. *Sincronicidade: o caminho interior da liderança*. São Paulo: Editora SENAC São Paulo, 2014.

JOHNSON, Robert A. She: a chave para o entendimento da psicologia feminina. São Paulo: Mercuryo, 1987.

JUNG, Carl Gustav, *O homem e seus símbolos*. Rio de Janeiro, Editora Nova Fronteira, 2001.

JUNG, Carl. *Sincronicidade*. 15. Ed. Petrópolis, RJ: Vozes, 2007.

KAHNEMAN, Daniel. *Rápido e devagar: duas formas de pensar*. Rio de Janeiro: Rocco, 2012.

KAUR, Rupi. *O que o sol faz com as flores*. São Paulo: Planeta do Brasil, 2018.

KELEMAN, Stanley. *Realidade somática*: experiência corporal e verdade emocional. São Paulo: Summus, 1994.

KELEMAN, Stanley. *Viver o seu morrer*. São Paulo: Summus, 1997.

KLINJEY, Rossandro. O tempo do autoencontro: Como

fortalecer-se em tempos difíceis e vencer os desertos da vida. São Paulo: Academia, 2020.

KRENAK, Ailton. *A vida não é útil*. Rio de Janeiro: Companhia das Letras, 2020.

KRENAK, Ailton. *Ideias para adiar o fim do mundo*. Rio de Janeiro: Companhia das Letras, 2019.

KUBLER-ROSS, Elizabeth. *Sobre a morte e o morrer*. São Paulo: Martins Fontes, 1998.

LELOUP, Jena-Yves. *A arte de cuidar: o estilo alexandrino*. Petrópolis: Vozes, 2007.

LEVINE, Peter. *O Despertar do tigre: curando o trauma*. São Paulo: Summus, 1999.

LISPECTOR, Clarice. *Água viva*. Rio de Janeiro: Rocco, 2019.

LISPECTOR, Clarice. *Uma aprendizagem ou o livro dos prazeres*. Rio de Janeiro: Rocco, 1998.

MIGUELES, Carmen; ZANINI, Marco Tulio. *O elo perdido: cultura, produtividade e competitividade*. Rio de Janeiro: Editora FGV, 2021.

MORIN, Edgar. *A via para o futuro da humanidade*. Rio de Janeiro: Bertrand Brasil, 2013.

MORIN, Edgar. *Como viver em tempo de crise*. Rio de Janeiro: Bertrand Brasil, 2013.

MORIN, Edgar. *Os Sete Saberes Necessários à Educação do Futuro*. 3ª ed. São Paulo: Cortez, Brasília, 2001.

PEIXOTO, Lorena; RUA, Márcia (org). *Gestão de Mudanças Organizacionais na Prática*. Rio de Janeiro: Autografia editora, 2021.

PORGES, Stephen. *The pocket guide to the polyvagal theory*. New York: W.W. Norton, 2017.

RECALCATI, Massimo. *"Alberto Burri e il Grande Cretto di Gibellina"*. Youtube, 17 de janeiro de 2021. Disponível em: <https://www.youtube.com/watch?v=5DVr5UnuLNE>. Acessado em 01 de junho de 2022.

RINPOCHE, Sogyal. *O livro tibetano do viver e do morrer*. São Paulo: Palas Athena, 1999.

ROLNIK, Suely. Esferas da Insurreição: Notas para uma vida não cafetinada. São Paulo: n-1 edições, 2019.

ROSA, João Guimarães. *A terceira margem do rio*. In: Ficção completa: volume II. Rio de Janeiro: Nova Aguilar, 1994.

ROSSET, Solange. *Terapia relacional sistêmica*: famílias, casais, Indivíduos, grupos. Belo Horizonte: Artesã, 2013.

ROSSET, Solange M; SOUZA, Dalmo S de. *A magia da mudança*. Curitiba: Editora Sol, 2006.

SAMTEN, Lama Padma. *A roda da vida: como caminho para a lucidez*. São Paulo: Peirópolis, 2010.

SANTOS, Boaventura S. *Um discurso sobre as ciências*. São Paulo: Cortez, 2008.

SELIGMAN, Martin. E. P. *Florescer*: uma nova compreensão sobre a natureza da felicidade e do bem-estar. Rio de Janeiro: Objetiva, 2011.

SENGE, Peter; SCHARMER, Otto; JAWORSKI, Joseph; FLOWERS, Betty. *Presença: propósito humano e o campo do futuro*. São Paulo: Editora Cultrix, 2007.

SENGE, Peter. A *Quinta Disciplina*: arte e prática da organização que aprende. Rio de Janeiro: BestSeller, 2011.

SHARMER, Otto; KAUFER, Katrin. *Liderar a partir do futuro que emerge*: a evolução do sistema econômico ego-cêntrico para o eco-cêntrico. Rio de Janeiro: Elsevier, 2014.

SHARMER, Otto. *Teoria U*: como liderar pela percepção do futuro emergente. Rio de Janeiro: Elsevier, 2010.

TALEB, Nassim N. *Antifrágil: coisas que se beneficiam com o caos*. Rio de Janeiro: Objetiva, 2020.

TALEB, Nassin N. *Arriscando a própria pele*: assimetrias ocultas no cotidiano. 2018.

WATZLAWICK, Paul; WEAKLAND, John H.; FISCH, Richard. *Mudança*. São Paulo, Cultrix, 1997.

WEIL, Pierre; LELOUP, Jean Yves; CREMA, Robert. *Normose: a patologia da normalidade*. Porto Alegre: Vozes, 2011.

WHITHELEY, Margareth. *Liderança para tempos de incerteza*: a descoberta de um novo caminho. São Paulo: Cultrix, 2006.

WILBER, Ken. *Psicologia integral*: consciência, espírito, psicologia, terapia. São Paulo: Cultrix, 2007.